LES DEUX
VOYAGEUR

A PARIS,

chez
- BELIN, Libraire, rue Saint-Jacques.
- CRAPART-CAILLE et RAVIER, Libraires, rue Pavé-Saint-André-des-Arts.
- BLANCHON, Libraire, rue du Battoir.
- DESENNE, Libraire, Palais du Tribunat.
- MARADAN, Libraire, rue Pavé-Saint-André-des-Arts.

A STRASBOURG,

Chez TREUTEL, Libraire.

A BERLIN,

A la Librairie ITRA, rue des Frères N.° 40.

LES DEUX VOYAGEURS,

OU

LETTRES

Sur la Belgique, la Hollande, l'Allemagne, la Pologne, la Prusse, l'Italie, la Sicile et Malthe; contenant l'histoire, la description, les anecdotes les plus curieuses de ces différents pays, avec des observations sur les mœurs, les usages, le Gouvernement, la littérature et les arts,

Et un récit impartial des principaux Evènements qui se sont passés en Europe, depuis 1791 jusqu'à la fin de 1802.

ÉCRITES, SELON L'ORDRE DES TEMPS,

Par P. N. ANOT,

Ancien Sous-Principal au Collège de l'Université de Rheims, Auteur du *Guide de l'Histoire*

Et par F. MALFILLATRE,

Ci-devant de l'Ordre de Saint-Jean de Jérusalem.

TOME I.

A RHEIMS,

Chez BRIGOT, Imprimeur-Libraire, place Nationale, Et chez les Auteurs, rue du Corbeau.

A SON EXCELLENCE

Mʀ. LE CHEVALIER DE BRAY,

DE L'ORDRE DE SAINT-JEAN DE JÉRUSALEM,

Ministre de son Altesse Électorale le Duc de Bavière, près la Cour de Berlin.

Monsieur le Chevalier,

Nous nous rappelons volontiers qu'en 1795 nous eûmes, pour la première fois, l'honneur de vous voir à Ratisbonne. Vous connoître, et vous consacrer notre attachement, a été l'effet d'une seule entrevue. Ce témoignage, par lequel nous essayons d'exprimer votre heureuse facilité à gagner les cœurs, vous sera rendu par tous ceux qui ont approché de vous. Déjà, à cette époque, nous avions parcouru les plaines de la Belgique, visité les ports de la Hollande, traversé les déserts de la Westphalie, franchi les monts de la Hesse et de la Bohème. Nous désirions ardemment nous transporter en Italie, et delà à Malthe, par le double motif de voir des pays si propres à piquer la curiosité, et de trouver, dans le chef-lieu d'un Ordre célèbre, un repos que les orages de ces temps désastreux rendoient infiniment précieux. Ce fut Votre Excellence, qui, par ses conseils salutaires, nous ouvrit l'accès de ces contrées. Ce qu'un autre n'auroit pu faire, la faveur dont vous honoroit le Grand-Maître de Rohan, vous le rendoit facile. Votre recommandation nous introduisit dans Malthe, où la douce existence dont nous jouîmes quelques années vous acquit les droits les plus légitimes à notre reconnoissance.

Durant ce paisible séjour, nous n'avions garde d'oublier que nous vous le devions. Avec quelle satisfaction n'avons-nous pas vu votre nom figurer parmi ceux des Députés qui composèrent le Congrès de Rastadt ! L'Ordre de Saint-Jean n'avoit pas cru pouvoir remettre ses intérêts en de meilleures mains. Bientôt, une autre Puissance sut apprécier un mérite concentré jusqu'ici dans des bornes trop étroites, et qui n'attendoit que l'occasion de se développer avec éclat. Nous vous suivîmes des yeux dans les Cours de Londres et de Pétersbourg, où vous fîtes un usage si utile de ces talents pour les affaires, que la voix publique reconnoît en vous. La Bavière récompensa tant de services rendus, en confiant une portion importante de ses intérêts à celui qui avoit su les défendre. Elle vous adopta parmi ses Ministres, et nous eûmes la joie de vous voir revêtu de ce titre près sa Majesté Prussienne, quand la force des conjectures détermina nos courses vers Berlin. En vous retrouvant, nous nous sommes consolés de n'avoir pu profiter plus long-temps de l'asyle que votre protection nous avoit procuré à Malthe. Vous eûtes la complaisance de nous entendre raconter les circonstances qui avoient accompagné la prise de cette forteresse, la disgrace d'un Ordre dont vous étiez Membre, notre départ d'une Isle qui changeoit de maître, et la suite de notre voyage depuis la Valette jusqu'au Brandebourg.

Ces récits, que nous vous fîmes de vive voix, vous les retrouverez dans les lettres qui composent ce recueil. Les pays que nous avons examinés, et dont nous donnons la description, sont connus de vous, ainsi que leurs usages et les personnes que nous y avons vues. Nous vous offrons donc ce tableau de la plus belle partie de l'Europe, avec d'autant plus de confiance, que notre témoignage sera confirmé par le vôtre.

Nous sommes bien loin de demander que Votre Excellence, ou toute autre personne, prenne part aux différentes situations où nous nous sommes trouvés, pendant les onze années qu'embrasse cet Ouvrage. Ce sont les lettres d'un ami à son ami, ou d'un fils à ses parents;

et en leur écrivant, nous n'avions d'autre but que de les instruire de notre position, des bizarreries de notre fortune, des objets qui frappoient nos yeux, et donnoient matière à nos observations. Nous n'avons pas mis plus de prétention dans l'exposé succinct que nous traçons des évènements qui se sont succédés si rapidement dans l'intérieur et au dehors de la France. Nous les offrons aujourd'hui au public, revêtus de la simplicité avec laquelle nous les avons décrits dans le temps. On ne sera peut-être pas fâché de voir les principales époques de la fin du siècle dernier rapprochées, quoiqu'en raccourci; mais représentées distinctement dans un même cadre. Le coloris y prend quelquefois le sombre des évènements; et ce n'est qu'en passant par des nuances lugubres, qu'on arrive à ce beau jour, à cette douce sérénité, qui réjouit actuellement la France. Nous y avons trouvé la Paix que son Libérateur lui a conquise. Ainsi sont accomplis les vœux que vous avez bien voulu faire pour nous, lorsqu'en recevant nos adieux, il y a quelques mois, vous nous promettiez avec confiance des jours heureux dans nos foyers. C'est une dernière marque d'affection que vous nous donniez, et que nous ne pouvons mieux reconnoître qu'en nous disant

de Votre Excellence,

Monsieur le Chevalier,

Les très-humbles et très-obéissants Serviteurs,
ANOT et MALFILLATRE.

LES DEUX VOYAGEURS.

LETTRE DE MALFILLATRE
A SON PÈRE, A RHEIMS.

Rocroi, 23 Juin 1791.

Mon cher Père,

ME voici séparé de vous, si néanmoins je puis dire que je sois ici tout entier. Combien de fois par jour, et par heure même, mon esprit agité ne m'a-t-il pas ramené auprès de vous? Qu'il a été douloureux pour moi, ce moment, qui fut témoin de mes adieux! Je respecte les raisons qui vous ont déterminé à m'éloigner de Rheims; un fils, à mon âge sur-tout, ne doit savoir qu'obéir. Mais quand même je serois tenté de rechercher le motif de votre conduite, je ne le trouverois que dans l'intérêt que vous prenez à mon éducation. Sans doute vous avez craint qu'on ne pût l'asseoir sur des bâses solides, tandis que tout étoit en convulsion dans notre pays; et vous avez espéré que vos vues seroient plus sûrement remplies, si je passois quelque temps dans un lieu tranquille, à l'abri des orages, et entre les mains d'un homme aussi habile que me paroît l'être le Mentor à qui vous m'avez confié.

Tout est nouveau pour qui n'a rien vu, et je suis dans ce cas-là. Le voyage de douze lieues, que j'ai fait, il y a quelques années, à travers les plaines arides de la Champagne pouilleuse, n'a pas servi à aggrandir mes idées, et je soupçonne fort que je les ai très-étroites. Tout m'étonnoit en route, et aussi novice que le Rat voyageur de la Fable, j'ai souvent été tenté, comme lui, de m'écrier, en prenant pour *Montagne*, je ne dis pas une *Taupinée*, mais au moins quelque rocher:

» Voilà les Apennins, et voici le Caucase!
La Font. *Liv.* 8. *Fab.* 9.

Vous riez peut-être de ma simplicité

et mes réflexions vous semblent trop sentir l'enfant de treize à quatorze ans. Je puis au reste vous communiquer d'autres remarques, qui tombent sur des objets plus intéressants, en vous avertissant cependant que je n'ai pas tout le mérite des observations, mais que je les dois, en partie, à M.r M..., mon Gouverneur et mon Guide.

Rethel, situé sur l'Aisne, est la première ville qui se présenta sur mon passage. C'étoit une forteresse connue du temps de César, sous le nom de *Castrum retectum*. On voit des Comtes de Rethel dès le siècle de Clovis : Henri III érigea cette ville en duché, l'an 1581, en faveur de Charles de Gonzague ; le Cardinal Mazarin l'acheta, et le transmit à sa famille.

Je me rappelle encore assez bien ce que j'ai lu de cette Place dans la vie de Turenne. Elle fut prise, en 1650, dans les troubles de la Fronde, par ce Général, lorsque, mécontent de la Cour, il avoit servi le parti espagnol. Du Plessis-Praslin fut assez heureux pour la reprendre, quatre mois après, et le Vicomte, arrivé trop tard au secours de la ville, ne vit de sûreté pour lui que dans une retraite précipitée, qu'il ne put exécuter. Son ennemi le força d'en venir aux mains dans la plaine de *Blanc-champ*, entre Saint-Étienne et Sommepy. J'ai vu cette plaine, il y a trois ans, et on n'avoit pas manqué de me raconter les circonstances de cette bataille, gagnée par Du Plessis. On n'oubliera pas l'anecdote qui fait tant d'honneur à la modestie du vaincu. Un jeune indiscret ayant demandé au Vicomte comment il s'étoit laissé vaincre à la journée de Rethel, ce grand homme répondit : *Par ma faute*. C'étoit plutôt la fortune qui le trahissoit :

» Le sort peut quelquefois abaisser les vainqueurs :
« Condé s'est vu battu, Turenne eut des malheurs.
FRÉDÉRIC II. *Art de la guerre*, cht. 2.

Le séjour que nous sommes obligés de faire à Rocroi m'a donné occasion de voir cet endroit célèbre dans notre histoire, le berceau de la gloire du Grand Condé et le tombeau de celles des bandes Castillanes; de cette redoutable infanterie, dit Bossuet, dont les gros bataillons serrés, semblables à autant de tours, mais à des tours qui savoient réparer leurs brèches, demeuroient inébranlables au milieu de tout le reste en désordre, et lançoient des feux de toutes parts. Long-temps. . . .

« . . . . La Castille aguerrie
» Fit craindre aux nations sa brave infanterie ;
» L'ordre l'avoit soumise à sa sévère loi,
» Mais sa gloire périt dans les champs de Rocroi.
Ibid. . Cht. 1.

Voyez cette vaste plaine, me disoit hier M.r M...; c'est un champ de bataille où la France fut sauvée, en 1643, par le Duc d'Enghien. Les Espagnols s'étoient avancés jusqu'ici, sous les ordres du Comte Des Fontaines, qui ne survécut point à sa défaite. On le trouva mort, couvert de blessures honorables ; ce qui fit dire à Condé, en parlant du Général Espagnol : *si je n'avois pas vaincu, je voudrois être mort comme lui.*

On ne peut douter que ce jeune Prince ne fût déterminé à vaincre ou à périr. Le succès de la bataille étoit plus que douteux : *que deviendrons-nous*, lui dit-on, *si elle est perdue ? Je ne m'en mets pas en peine*, répliqua le Héros, *je serai mort auparavant.* Condé savoit qu'il y a des occasions où la témérité dans un chef est nécessaire.

« Ici le grand Condé, fils chéri de Bellone,
» De la France étonnée assure la couronne :
» Il falloit arrêter par des coups éclatans,
» D'un heureux ennemi les succès trop constans,

» Dans ce jour décisif pour l'Espagne et la France,
» L'audace du Héros fit plus que sa prudence.
» Un chef plus circonspect et moins entreprenant,
» N'auroit point hazardé ce combat important :
» L'Espagnol, enhardi par le François timide,
» Vers Paris eut poussé sa fortune rapide.

Ibid. Cht. 3.

Nous avions sous les yeux ce hameau où nâquit le jeune Bouillon, que la nature seule forma à la poësie. Environné, dès son enfance, d'objets qui rappelloient ce grand évènement, il osa le chanter. Pour peindre ce guerrier, il interrogeoit les lieux où ses pas étoient encore comme imprimés. L'âme de Condé, qui sembloit revivre sur ce théâtre de la gloire, inspiroit le génie du Poëte, et suppléoit en lui à l'art et à l'étude. Je n'ai ni le droit, ni la prétention de juger cet ouvrage ; seulement, je sais qu'il a eu le suffrage du Prince de Condé actuel, qui, en 1783, vint à Rocroi, et donna des marques de bienveillance à la Muse qui avoit célébré le premier exploit de son ayeul. Il me paroît qu'on cite volontiers les vers suivants :

« Grand Condé, ta valeur, tes immortels exploits
» Feront l'étonnement des peuples et des rois.
» Que dans ses beaux écrits, Homère vante Achille,
» Il ne put, en dix ans, s'emparer d'une ville :

» Mon Héros, en un jour, et par un seul combat,
» A confondu l'Espagne, et délivré l'État. . . .
» Sur un char éclatant le soleil brille aux cieux;
» La nuit, à son aspect, s'enfuit en d'autres lieux.
» Condé, le seul Condé, n'avoit pas vu l'aurore :
« Dans les bras du sommeil ce héros est encore.

Ces derniers vers expriment bien cette étonnante tranquillité d'âme que conserva Condé dans un moment si décisif. On raconte la même chose d'Alexandre : les hommes également grands doivent offrir des traits également extraordinaires.

Je ferme ma lettre, sans l'avoir relue.... Je pars précipitamment.... Vous saurez bientôt pourquoi.

DU MÊME AU MÊME.

Chimay, 28 *Juin* 1791.

Vous aurez déjà deviné pourquoi j'ai terminé si brusquement ma lettre du 23 du courant. Il n'y avoit pas de temps à perdre pour qui ne vouloit pas être arrêté aux frontières. Au moment que je vous écrivois dans la plus profonde sécurité, le bruit se répandit que le Roi avoit fui. L'agitation fut extrême à Rocroi, même avant que les premières rumeurs n'eussent acquis le caractère de vérité, et il étoit à craindre que si la fermentation devenoit générale, la sortie de France ne me fût interdite : car, quoique mon âge et les décrets de l'assemblée me missent à l'abri de toute crainte, je courois risque d'être inquiété dans un de ces instants critiques, où la peur soupçonneuse, ne voyant plus que par les yeux de la prévention, revêt des mêmes couleurs les objets les plus distincts, et sourde aux réclamations les plus justes, dépouille le bon droit de ses moyens de défense. Je hâtai donc mon départ, et sur les pas d'un guide à qui les chemins les plus détournés étoient bien connus, à travers des lieux couverts de broussailles et entrecoupés de ravins, j'arrivai à un ruisseau, foible limite de deux Etats. Sans autant délibérer que le fit César au passage du Rubicon, je franchis, sans scrupule, cette dernière barrière, et me trouvai hors de France. Mon Mentor s'applaudissant de notre heureuse sortie, sans me laisser le temps de jetter un regard sur mon pays que j'abandonnois, me pressa d'arriver à Chimay, où il me fut enfin permis de reprendre haleine.

Le bruit de la fuite du Roi nous avoit

précédés dans cette petite ville. Cet évènement faisoit le sujet de tous les entretiens, et fournissoit matière aux conjectures de mille prétendus politiques, dont les opinions étoient souvent différentes, mais l'entêtement à les soutenir, toujours le même. Il ne fallut rien moins, pour terminer ces querelles, que la certitude de l'arrestation de Louis XVI et de son retour forcé à Paris. Je me contente d'entendre les nouveaux raisonnements qui se débitent sur cette dernière nouvelle, avec la même discrétion que j'ai écouté les premiers.

Pour passer les moments qui me restent, je tiens note de ce que je vois et entends. A la tête de mes tablettes, sont écrits ces mots : C'EST LE 19 JUIN 1791, AU POINT DU JOUR, QUE JE QUITTAI MES CHERS PARENTS.... ..... Suivent les observations, que je recueille des personnes avec lesquelles je vis, et que j'ai soin d'interroger. Voici ce qu'on m'a dit de Chimai. C'est une Pairie du Hainaut, d'où ressortissent trente-un villages. En 1486, Maximilien I, l'érigea en Principauté, le jour qu'il fut couronné Roi des Romains, à Aix-la-Chapelle. Elle est située entre les Forêts de la Fagne et de Thiérache, sur la rivière de Blanche, et dépend de Liège pour le spirituel. Il y a un Chapitre très-ancien.

Des gens, chargés de nous faire passer nos effets, arrivent, dans ce moment, des environs de Rocroi. Ce n'est qu'à leur ruse et à la connoissance qu'ils ont des sentiers les moins soupçonnés, que je dois le bonheur de ne pas me trouver nud sur un sol étranger : on les entoure, on les questionne ; il paroît que c'est à Varennes que le Roi a été arrêté.

Nous allons quitter Chimai dans quelques heures ; je reprendrai la plume à la première ville où je ferai halte.

DU MEME AU MEME.

De Mons, 30 *Juin* 1791.

Datons de Mons. Ainsi s'exprimoit, mais dans un sens bien plus spirituel, Louis XIV, en rendant ses bonnes grâces à un Seigneur dont il avoit été mécontent jusques-là, et qui s'étoit ensuite signalé au siège de cette ville. Ce Roi, l'effroi de l'Europe, qui faisoit, en 1691 la conquête de cette importante forteresse, étoit bien loin de songer alors que la même année du siècle suivant, les petits-fils de son successeur viendroient chercher un asyle dans l'enceinte des murs qu'il foudroyoit. Mais nous sommes destinés à voir des choses extraordinaires! Monsieur et le Comte d'Artois sont ici; plus habiles ou moins épiés que leur frère, ils sont parvenus à s'échapper.

Encore de la simplicité. Il faut que je l'avoue, je me crois au bout du monde, parce que des accents inconnus frappent mes oreilles. Ce n'est pas qu'on ne parle ici très-communément françois, mais le flamand est proprement la langue du pays. Soit faute de les comprendre, ou que la chose soit ainsi, les sons flamands me paroissent bien durs, et tant que je ne serai pas familiarisé avec eux, il ne me prendra pas envie d'en faire ma langue. Cependant, j'en ai déjà assez appris pour annoncer que je ne l'entends pas; c'est ce que j'exprime, en disant, tant bien que mal : *Ik kan niet verstaen*.

J'ai parcouru Mons. On m'a dit qu'il y avoit autrefois un château très-fort, et comme ici, ainsi qu'ailleurs, on veut de l'antiquité, on le prétend bâti par César. C'est là qu'Ambiorix, Roi des Eburons, assisté des Nerviens, assiégea Quintus Cicéron, frère de l'Orateur. En lisant les commentaires de César, j'ai toujours été frappé de la rapidité avec laquelle ce Général vola au secours de cette partie de son armée. Autant que je puis me le rappeller, ceci se passa 50 ans avant l'Ere vulgaire. Je saute dix-sept siècles, pour voir le Prince d'Orange profitant de la sécurité de Luxembourg, et l'attaquant près d'ici, à l'abbaye de Saint-Denis, en 1678. *Il ne put,* selon son expression, *se refuser cette leçon de son métier :* Elle lui coûta cher pourtant, et il servit plus la gloire de son ennemi que la sienne. En 1691, cette ville fut prise par Louis XIV en personne, mais elle fut reprise par les Alliés en 1709, à la suite de la sanglante journée de Malplaquet, où le champ de bataille couta 30,000 hommes à ceux qui en demeurèrent les maîtres. La Hollande sur-tout pleura sa victoire ; elle a pu dire avec Pyrrhus : *encore une pareille, et nous sommes perdus.*

La Capitale du Hainaut n'a rien de bien intéressant. J'ai remarqué, à cause de sa singularité, l'habit de chœur des Chanoinesses de Sainte-Valtrude. Ces Dames, au nombre de trente, font preuve de seize quartiers de noblesse. Quand elles ont terminé l'Office divin, elles vont, en habit séculier, payer le tribut à la meilleure société de la ville. . . . Mais en voici assez pour Mons ; mes détails n'ont déjà que trop besoin de votre indulgence. Je suis. . . . .

DU MEME AU MEME.

Bruxelles, 14 *Juillet* 1791.

UN jour plus tard, je n'arrivois pas à temps pour jouir d'une fête superbe, qui vient de se donner ici. Comme si l'on m'eût attendu, ou que le hazard fût d'accord avec ma curiosité, à peine avois-je mis pied à terre, que Bruxelles fût illuminé. On célébroit l'Inauguration de l'Empereur Léopold, comme Duc de Brabant. Ma politique est renfermée dans un cercle bien étroit, et je ne me suis jamais permis de raisonner sur les Révolutions; je sais uniquement qu'il y en eut une dans la Belgique, que

Joseph II la vit éclater, sans avoir le temps de la calmer. Cet avantage, qui doit toujours coûter au cœur d'un prince obligé de s'armer contre ses sujets, étoit réservé à Léopold. La réduction de ce pays l'a condamné au silence, mais si les bouches se taisent, plus d'un cœur, dit-on, murmure encore. C'étoient les réjouissances d'une paix forcée, et quelque bruyante que fût la joie, elle n'en étoit pas plus sincère. Au reste, il me semble que les Brabançons ont pris le bon parti; on leur a ordonné d'être en fête, et ils ont obéi. Vous sentez que la foule étoit immense dans une ville qui compte 100,000 habitans, dont le nombre étoit renforcé par les étrangers que la curiosité avoit attirés. Huit tonneaux de vin se vuidoient du haut des balcons de l'Hôtel-de-ville, d'où l'on jettoit quantité de petites médailles, qui portoient l'effigie du Souverain. Le canon jouoit de toutes parts, et après avoir, naguères, terrassé les Belges, les invitoit dans ce moment à se livrer sans bornes à la joie. Le plus beau coup-d'œil s'offroit vis-à-vis la Maison-de-ville. Cet édifice gothique, achevé en 1442, soutient une tour, dite le *Campanile*, haute de 364 pieds, surmontée d'une statue de cuivre doré. Ce *Campanile*, ainsi que toute la façade, étoit couvert de lampions, qui formoient des dessins ingémieusement figurés. La fête devoit se terminer par un feu d'artifice sur l'eau ; on le supposoit magnifique, mais la pluie empêcha de juger du succès. Le lendemain, je revis l'Hôtel-de-ville, dépouillé des ornements que l'art ne lui avoit prêtés que pour une nuit. Il étoit encore beau de sa propre beauté. L'intérieur ne le cède pas au dehors : ce qu'il a de plus curieux, est la salle des États. Sur une tapisserie, est représentée l'abdication de Charles-Quint, mais on n'y voit pas ses regrets.

Un spectacle religieux a fixé aujourd'hui mon attention à Sainte-Gudule, je parle de l'exposition des trois hosties miraculeuses ; voici de quoi il s'agit. Jadis, un Juif fort riche, nommé Jonathas, habitant d'Enghien, pressa un autre Juif converti de lui procurer quelques hosties. Ce dernier, sans doute fort mal affermi dans sa nouvelle croyance, se laissa éblouir par l'or que son confrère fit briller à ses yeux. Poussé par la haine de ses pères contre le Christianisme, haine que sa conversion n'avoit pas éteinte en lui, il brise le tabernacle de l'Eglise de Sainte-Catherine, et livre seize hosties à Jonathas. Celui-ci les envoye aux Juifs de Bruxelles, qui, le Vendredi-Saint suivant, renouvellant dans leur Synagogue l'attentat commis au Calvaire, percent ces hosties à coups de couteau. Le sang qui en coula, les effraya. Une Juive convertie, à qui ils avoient remis ces hosties pour les porter à Cologne, les donna au Curé de sa paroisse. Le fait constaté et le crime avéré, on brûla vifs ces scélérats, en 1370. Depuis ce temps-là, tous les ans au mois de juillet, on porte en procession trois de ces hosties dans une Remontrance enrichie de pierreries, et c'est de cette cérémonie que je viens d'être témoin.

En sortant de Sainte-Gudule, j'allai au Parc, lieu délicieux, où l'œil ne peut s'égarer que sur des objets agréables. Des hôtels et des palais bâtis dans le meilleur goût; des grottes, où l'art embellit la nature; des pièces d'eau, qui entrecoupent un charmant gazon; tout enfin présente un aspect riant. C'est là, c'est sous ces ombrages frais, sur ces nappes de verdure, que vient en foule tout ce qu'il y a de riches et de pauvres, de nobles et de bourgeois, d'habitants du pays et d'étrangers.

M.ʳ M... qui m'avoit laissé ignorer le terme de ma course, m'annonce dans ce moment que nous irons demeurer à Anvers, et nous partons demain pour nous y rendre.

DU MEME AU MEME.

De Malines, 16 *Juillet* 1791.

Malines ne fournit pas beaucoup à mes tablettes, et je ne lui donnerai que le titre de Malines *la propre*, dont sa modestie se contente. Située sur la Dyle, elle regarde en triangle les villes de Bruxelles, de Louvain et d'Anvers. C'est le siège d'un Archevêque. La Cathédrale n'a rien de bien curieux, et j'oublierois presque que j'y suis entré, si je n'y avois vu le Cardinal, dont le zèle pour les intérêts de la religion s'est manifesté avec éclat dans les derniers troubles; Prélat respectable, qui honore la pourpre romaine dont il est revêtu et que son mérite, encore plus que son âge, rend un objet de vénération pour les Belges. La simplicité du palais archiépiscopal répond à celle des mœurs de celui qui y réside.

Avant d'arriver ici, j'avois visité le superbe château de *Lachen* qu'habite la Gouvernante des Pays-bas. Il est bâti sur une hauteur, et environné de magnifiques jardins. Le jeu d'une pompe à feu y amène de l'eau dans de vastes bassins, d'où elle se répand et tombe en cascades dans la plaine que domine le château. Au sommet d'une tour chinoise, on jouit d'un spectacle que peu de pays pourroient présenter, on y découvre dix-sept villes, et le coup-d'œil est charmant. La vue plane librement sur des campagnes aussi fertiles qu'elles sont immenses. Quel contraste, quand on les rapproche des plaines de notre Champagne pouilleuse! Pardon, cher papa, si je parle mal des cantons qui m'ont vu naître et où je vous ai laissé; je ne devrois m'en souvenir que pour me rappeller vos bontés.

DU MEME AU MEME.

D'Anvers, le 18 *Juillet* 1791.

Ici finit ma course et me voici fixé. On pouvoit plus mal choisir. Anvers me plaît sous plusieurs rapports; j'en ai déjà parcouru quelques quartiers. Je demeure assez près de la place de *Meire*; c'est le nom qu'on donne à l'endroit le plus large d'une rue fort belle, qui présente, dans sa longueur, la figure d'une poire, et qu'on a ornée, en 1635, d'un Crucifix de bronze doré, haut de 33 pieds. (*) Près de là, est la Bourse, place quarrée, terminée par des portiques que soutiennent 43 colonnes. Les quatre portes d'entrée regardent les quatre points cardinaux. Au-dessus des portiques, sont des salles à l'usage des établissements publics, entr'autres de l'Académie de Peinture, fort cultivée encore, quoiqu'elle ne produise plus de ces chefs-d'œuvre qui lui ont donné tant de célébrité.

---

* Ce Crucifix a fait place, en 1794, à l'Arbre de la Liberté.

L'idée d'une Bourse réveille naturellement celle du commerce ; cependant Anvers n'est pas commerçant : aussi se dit-il plus de nouvelles vraies ou fausses à la bourse, qu'il ne s'y fait d'affaires. Cette inertie a sa cause dans un traité qui tient les bouches de l'Escaut fermées. Ce n'est pas pourtant qu'Anvers ne soit encore une ville très-opulente, et elle retient, à juste titre, le surnom de *la Riche*; mais les trésors qu'elle possède sont des biens des siècles passés. La génération actuelle n'acquiert pas ; elle hérite seulement, et jouit en paix du fruit des travaux de ses ancêtres. Dans des temps plus favorables à l'industrie, Anvers étoit au nombre des villes *Anséatiques*, et la vaste maison des *Osterlings* étoit un de ces entrepôts fameux qui servoient au commerce.

Comme je dois séjourner ici, je ne me presse pas de voir ce que la ville offre de remarquable ; mais quelque frein que je mette à ma curiosité, je n'ai pu me défendre de visiter hier l'Hôtel-de-ville, qui, dans l'Europe, n'a rien de supérieur en ce genre, que ceux d'Amsterdam, de Londres et d'Ausbourg. Il a été commencé en 1560, et fini en 1635 ; le plan en est majestueux et l'architecture de très-bon goût. A quelques pas de là, s'élève la Cathédrale. L'intérieur de cet édifice est rempli, ou plutôt surchargé d'ornements, dont chacun en particulier a de quoi plaire, mais dont l'ensemble trop confus étourdit presque la vue. Je n'avois plus assez d'yeux pour voir tant d'objets.

Je finis ici ma relation. Actuellement, je calcule mes moments, et la plus grande partie de mon temps est consacrée à l'étude. C'étoit le but que vous vous proposiez en m'envoyant ici, et je vous prie de me croire toujours disposé à le remplir.

DU MEME AU MEME.

De Gand, 10 Aoust 1791.

LA belle saison, d'accord avec mon désir de connoître la capitale de la Flandre, ne m'a pas permis de différer plus long-temps de venir à Gand. J'ai traversé l'Escaut qui baigne les murs d'Anvers : ce fleuve paroît bien beau à quelqu'un qui, comme moi, est né sur les bords de la Vesle. Sur la rive opposée de l'Escaut, est situé le village appellé la *Tête de Flandre* ; cette province en effet est séparée par le fleuve du Marquisat du Saint-Empire. Je mets à part le préjugé national, et je suis obligé d'avouer que la Flandre le dispute aux plus beaux pays de l'Univers. La nature semble n'avoir de richesses que pour celui-là ; aussi y rencontre-t-on des villages plus riants que bien d'autres villes. Saint-Nicolas, placé à égale distance de Gand et d'Anvers, est dans ce genre.

Gand, au confluent de l'Escaut et de la Lys, est partagé en vingt-six isles qui renferment 60,000 habitans. D'après ce que j'en ai lu, les Gantois ont été belliqueux. Ce fut sans doute au défaut de mieux qu'ils s'étoient choisis pour chef *Artevelle*, fils d'un brasseur, quand ils firent la guerre à leur Comte Louis de Male : ils eurent lieu de s'en repentir sur le champ de bataille de Rosebecq, où ils laissèrent en 1381, quarante mille des leurs. Les Gantois avoient oublié cette sanglante leçon, lorsqu'en 1539, ils se révoltèrent contre Charles-Quint, qui étoit né au milieu d'eux, l'an 1500. Il ne tint pas à quelques officiers de ce Prince, que cette ville n'expiât sa faute par sa ruine totale ; mais l'Empereur leur montrant du haut d'une tour l'étendue de cette cité dont ils invoquoient la destruction, leur dit : *Combien croyez-vous qu'il faille de peaux d'Espagne pour faire un pareil Gand ?* Toutefois vingt-six des principaux factieux furent exécutés, la ville condamnée à une amende de plus de 1,200,000 écus, et le Magistrat forcé à marcher la corde au col dans les Processions. Charles-Quint usoit d'hyperbole, quand il disoit que *Paris tourneroit dans son Gand*; il prétendoit seulement que cette ville étoit très-grande, et il avoit raison. Je l'ai parcourue : ce ne sont que ponts à passer et places à traverser. Dans une de ces denières, on trouve la statue de Charles-Quint en habits impériaux.

DU MEME AU MEME.

De Bruxelles, 12 *Aoust* 1791.

QUELQUES besoins nous ont ramenés à Bruxelles ; je revois cette ville avec un nouveau plaisir. Le port près duquel nous sommes logés, est couvert de bateaux d'une médiocre grandeur, qui servent au commerce intérieur. A l'aspect de tant de mâts, je n'ai pourtant osé me récrier, de peur de paroître prendre *Vaugirard pour Rome, ou des bâtons flottants sur l'onde pour de puissants navires.*

En revenant chez moi, je passai par la place Royale, où je vis la statue érigée, en 1775, au prince Charles de Lorraine, ancien Gouverneur des Pays-bas. Outre cette place, il y en a six autres assez considérables; car ici tout est par *sept*. Sept portes, sept marchés, sept églises principales....

Au moment où j'allois fermer ma lettre, on m'annonce la plus affligeante nouvelle. M.r M.... ce maître si précieux, si nécessaire pour moi, il va m'être enlevé, je le perds dans peu. En quelles mains suis-je destiné à retomber?

LETTRE DE M.r ANOT

A M.r M... A ANVERS.

De Rheims, 29 *Octobre* 1791.

LA proposition que vous me faites d'aller me charger de l'éducation de Malfillatre, m'a jetté dans une cruelle perplexité. L'amour de mon pays m'y retient ; mais un motif qui fixe mes irrésolutions, c'est la parfaite inutilité, dans laquelle je vis depuis quelque temps. Je suis hors de mon élément ; notre collège est fermé pour moi. Il m'en a coûté sans doute pour m'arracher à une maison, où j'avois été appellé pour contribuer à l'enseignement public. Les désagréments, inséparables de la condition de maître, s'évanouissoient devant l'idée consolante de procurer le bien, autant que mes foibles talents le permettoient. Assoupi aujourd'hui dans une oisiveté involontaire, je me sens accablé du poids de ma situation. Je pars donc, et dans peu, j'espère être auprès de vous.

LETTRE DE M.ʳ ANOT

A SA MÈRE.

De Namur, 18 Novembre 1791.

Vous avez vu couler mes larmes, et je voyois couler les vôtres, au moment que je vous faisois mes adieux, et que vous les receviez avec une sensibilité qui déchiroit mon cœur. Ce cœur n'est pas encore guéri de la secousse qu'il a essuyée. L'espoir seul de me réunir bientôt à vous et à toute ma famille, peut adoucir ce que mon état actuel a de pénible. Anvers, où je vais me fixer, ne laisse entre nous qu'un intervalle aisé à franchir. Nous nous reverrons dans peu de temps. Je serai toujours en attendant. . . .

LETTRE DU PRÉCÉDENT

A M.ʳ Sorgel, a Rheims.

De Namur, 18 Novembre 1791.

JE tiens parole. Vous avez exigé que je vous fisse part des détails de mon voyage aux Pays-bas, et à peine y suis-je entré, que je commence à vous satisfaire. Le jour même de mon départ de Rheims, j'arrivai à Mézières, cette forteresse qu'on dit n'avoir jamais été prise. Elle l'eût été pourtant, en 1521, par les Espagnols, si Bayard n'eût donné le change aux assiégeants, en leur faisant croire que la ville, réellement dépourvue de vivres, en étoit munie. Pensez-vous qu'actuellement on seroit dupe d'un bœuf engraissé, qu'on lâcheroit dans le camp ennemi ? La ville m'a paru assez mal bâtie. Elle contraste avec Charleville, petite Place voisine, construite par Charles de Gonzague, Duc de Névers, d'après le plan le plus régulier, et le plus gracieusement symétrisé. Une belle fontaine coule au milieu d'une place magnifique, d'où l'on apperçoit les quatre portes qui y conduisent. C'est-là que naquit l'érudit Abbé de Longuerue.

A travers les forêts des Ardennes et en descendant la Meuse, j'atteignis Givet. Cette ville est composée de deux; celle qui est sous Charlemont, s'appelle Givet-Saint-Hilaire; l'autre qui est au delà, se nomme Givet-notre-Dame. Cette partie renferme de vastes corps de bâtiments, entr'autres des Casernes, qui ne le cèdent pas aux plus beaux édifices. Dans les fossés secs et taillés dans le roc, sont placées six grandes demi-lunes à flancs. L'enceinte de Givet-notre-Dame consiste en quatre bastions. Le côté de la rivière n'a d'autre défense qu'un rocher escarpé, près duquel est une redoute quarrée. La partie où l'on a pu pratiquer un fossé, a deux demi-lunes avec leurs chemins couverts, traverses et glacis. La plûpart de ces ouvrages sont de Vauban, dont le rival Coehorn bombarda Givet en 1696. Vous vous rappellez sans doute que les François avoient, il y a peu de temps, un camp près d'ici, pour protéger les Hollandois dans leur Révolution; mais avant qu'on eût apperçu le moindre mouvement, le Duc de Brunswick avoit déjà conquis toute la Hollande. A la vue des succès rapides de cette expédition brusque, la Cour de France, qui ne vouloit pas rompre avec le Cabinet de Berlin, crut qu'une démonstration vaine suffisoit pour sauver son honneur, et le camp de Givet disparut en 1787.

Je continuai ma route, plein de l'idée lugubre que j'allois bientôt fouler un sol étranger. J'ensevelis cette triste pensée dans le sommeil. A mon réveil, je me vis à Dinant, resserré entre deux chaînes de montagnes, du haut desquelles les deux partis, dans les troubles du Brabant, se sont canonnés plusieurs fois, les boulets volant, de part et d'autre, sur la tête des Dinantois. Je suis très-indulgent pour les villes qui veulent parer leur berceau des dépouilles de l'antiquité; j'ai feint de croire, même sans en rire, que le nom de Dinant tire son origine de la Déesse Diane. Ce qu'il y a de certain, c'est que cette place fut jadis assujettie aux Ducs de Bourgogne. Charles, Comte de Charolois, voulant, je crois, être cité un jour comme un barbare, punit en 1466 une révolte à Dinant, en faisant lier dos à dos, et jetter dans la Meuse huit cents des plus mutins. Les autres eurent leur pardon, si pourtant c'est pardonner que de livrer une ville au pillage et à l'incendie. Dinant obéit aujourd'hui au Prince de Liège qui y a un assez beau Palais.

Toujours pressé entre deux rangs de rochers, qui ne laissoient de place entr'eux que pour moi et la Meuse, je poursuivis ma route vers Namur. Vous avez eu l'étymologie de Dinant, voici celle de Namur. Ce nom vient d'une Idole nommée *Nam*, que Saint Materne réduisit au silence, d'où l'on fit *Nam mutum*, changé ensuite en *Namurcum*. Quant à l'historique de cette ville, voici ce que je trouve de plus intéressant. Ce pays, après avoir fait partie de celui des Eburons et des Tongriens, passa aux Romains et ensuite aux Rois d'Austrasie. Charles, frère de Lothaire Roi de France, ayant fait épouser sa fille Ermengarde au Seigneur Albert, l'an 1000, donna Namur à son gendre, qui en devint le premier Comte. Le dernier fut Jean de Flandre, qui vendit tous ses biens à Philippe, Duc de Bourgogne en 1421. Namur, entrée dans la Maison d'Autriche, eut bien à souffrir dans les guerres qui ont si souvent désolé les Pays-bas. Louis XIV l'assiégea en personne, en

1692, l'ayant fait investir par le Maréchal de Boufflers. Au bout d'un mois, la ville tomba avec ses forts, à la vue de Guillaume III et de Maximilien, Electeur de Bavière. C'est ce bel exploit que Boileau chanta dans une assez mauvaise Ode. Trois ans après, le Roi d'Angleterre essaya de reprendre cette place défendue par Boufflers et une garnison de quatorze mille hommes. Le Maréchal, désespérant d'être secouru, capitula et sortit par la brêche, avec six pièces de canon, armes et bagage, enseignes déployées. Au moment où la garnison défiloit au milieu des ennemis rangés en bataille, Boufflers se vit arrêté. Le motif des Alliés, en se portant à cette étrange mesure, avoit été d'obliger Louis XIV à mettre en liberté les garnisons de Furnes et de Dixmude, qu'il avoit contraint de prendre parti parmi ses troupes. En effet, à cette nouvelle, le Roi de France satisfit les Alliés, et le Maréchal fut relâché.

Dans la guerre de la Succession, Namur fut bombardée par le Feld-Maréchal Auwerkerque, en 1704. Neuf ans après, cette ville passa sous la puissance de l'Empereur d'Allemagne, et la garde en fut confiée aux Etats-

Généraux par le traité des Barrières. Ses défenseurs n'empêchèrent pas Louis XV de s'en emparer en 1746.

La paix d'Aix-la-Chapelle rendit Namur à son ancien maître. Cette place échappa à la Maison d'Autriche, pour un moment, dans les derniers troubles. L'Epée de Bender a rétabli le calme par-tout. Dieu sait s'il durera long-temps : la destinée de la Belgique, où je viens d'entrer, est d'être souvent en proie aux horreurs de la guerre. Le château de Namur est actuellement hors d'état de faire une longue résistance, ayant subi le sort de la plûpart des fortifications des Pays-bas, que la politique, bien ou mal entendue, de Joseph II a fait démolir.

Vous connoissez la situation de la ville, entre deux montagnes, au confluent de la Meuse et de la Sambre. L'Evêché, qui n'est qu'un démembrement de celui de Liège, fut fondé en 1559. La Cathédrale n'offre qu'une vieille architecture et des murailles noircies au dehors par le temps; mais les connoisseurs ne manquent pas d'aller admirer les sculptures, la voûte et le frontispice de l'Eglise des Jésuites.

Je pars incessamment pour Bruxelles.

J'abandonne les bords de la Meuse, que j'ai suivie depuis Charleville. Vous moquerez-vous de moi, si je vous dis que c'est à regret que je la perds de vue, parce qu'elle vient de mon pays? J'ai la bisarrerie de la regarder comme un compatriote qui a subi le même sort que moi; le long de ma route, je lui prêtois toutes mes idées, et il me sembloit qu'elle devoit s'applaudir de promener tranquillement ses eaux à travers un sol pacifié. Adieu, Monsieur et cher ami.... Attendez-vous bientôt à une seconde lettre.

DU MEME AU MEME.

De Bruxelles, 25 Novembre 1791.

Bruxelles n'a pas surpassé mon attente, parce que je comptois voir en effet une belle Capitale. L'Hôtel-de-ville et le Parc ont leur réputation faite et ils la méritent. L'ancien Palais de la Cour fut incendié en 1731, il n'en reste plus que la Chapelle. On y vit jadis, à la fois, sept têtes couronnées, Charles-Quint; Philippe son fils, alors Roi de

Naples; Maximilien, Roi de Bohême; la Reine de Hongrie, Gouvernante des Pays-bas; le Bey de Tunis, Muley-Hassan; le Duc de Savoye, Roi de Chypre; la Duchesse de Lorraine, Reine de Jérusalem. Les Gouverneurs des Pays-bas, depuis cet incendie, ont demeuré au Palais d'Orange : c'est-là que résident aujourd'hui la Gouvernante Marie-Christine et son époux, le Duc de Saxe-Teschen.

A côté de la place Royale, on me fit entrer dans une Eglise, dont l'extérieur ne me laissoit pas soupçonner qu'elle pût fort m'intéresser. Ce qu'elle avoit de remarquable, étoit précisément sa simplicité, dénuée de toute espèce de décorations, qui ne laissoit voir que son architecture abandonnée à sa propre beauté. C'est une Rotonde, qui, à la vérité, porte dans sa construction un air de noblesse frappant; mais il me semble qu'on la loue ici outre mesure, et je ne voudrois pas qu'elle dût ces éloges exagérés à la ressemblance qu'elle présente avec les Prêches des Réformés, qui excluent tout ornement de leurs Temples, pour les rendre plus majestueux. Mes sens veulent être aidés, et mon cœur est muet, quand rien ne parle à mes yeux. Si cette Eglise est trop nue, en revanche Sainte-Gudule est peut-être surchargée de beautés. Cet excès pourtant me déplaît bien moins. Nous n'avons chez nous rien de pareil aux chefs-d'œuvre de sculpture que j'y ai admirés : encore moins avons-nous des tableaux approchant de ceux dont l'Ecole Flamande et la piété des Fidèles ont orné les Eglises Belgiques. Celui qui frappe le plus à Sainte-Gudule est de Rubens; c'est Jesus-Christ prêchant à ses Apôtres.

Parmi les Couvents, il en est un qui se fait remarquer; c'est le grand *Béguinage*, qui a l'air d'une petite ville au milieu de Bruxelles; il a des murs, des fossés et des rues. On prétend que cet Ordre, qui n'exige point de vœux, a été fondé par Sainte-Beghe; d'autres disent par Lambert Begue, en 1177.

Le nom de Bruxelles vient de celui d'un pont appellé *Brugsel*; son ancienneté remonte à l'an 900. Cette ville, Capitale d'un pays si souvent le théâtre de la guerre, n'a pas manqué d'en ressentir les horreurs. Après la tentative des Anglois sur Saint-Malo, quoique les Espagnols n'eussent eu aucune part à cette hostilité, Louis XIV s'en vengea par le bombardement de Bruxelles, en 1695. Quatre mille maisons furent détruites; on attribua ce violent procédé du Roi de France au chagrin de voir que son armée, commandée par Villeroi, ne pouvoit empêcher la prise de Namur. Vers le milieu de ce siècle, le vainqueur de Fontenoi prit encore cette ville, malgré la rigueur de la saison, et y fit prisonnière une nombreuse garnison. Mais, peu de temps après, elle fut rendue à son Souverain, qui ne la perdit que momentanément dans la dernière Révolution. Actuellement, tout est calme : toutefois, s'il étoit permis d'asseoir un jugement sur un premier apperçu, je serois tenté de croire qu'il reste encore ici une fermentation secrette, qui se trahit par le ton de réserve avec lequel on se communique ses pensées. C'est peut-être à cette défiance mutuelle qu'il faut attribuer le silence morne qui règne aux Tables-d'Hôtes. Nos diners taciturnes font mentir le Proverbe que

« Le vin aux plus muets *fournissoit* des paroles. »

Chacun a l'air de vouloir lire dans les yeux de son vis-à-vis, et d'empêcher qu'on ne lise dans les siens. Les politesses qu'on s'y fait, sont totalement muettes; et quand on se quitte, on s'est vu et rien de plus. Je sais qu'on prête aux Brabançons un caractère froid; mais après tout, je ne puis m'imaginer que ce prétendu flegme soit assez puissant pour nouer tant de langues. Au reste, j'étudierai à loisir cette question à Anvers, où je dois me fixer. Je compte y être après-demain.

DU MEME AU MEME.

D'Anvers, 19 *Décembre* 1791.

JE ne m'étois pas trompé, quand je soupçonnois que le mécontentement n'étoit que comprimé dans les Belges. Il en existe une preuve éloquente au milieu d'Anvers. Sur la Place de Meire, trois canons menacent, jour et nuit, le premier qui oseroit réveiller d'anciennes querelles, de lui faire payer cher sa témérité. Cet appareil effrayant impose silence à qui voudroit prononcer trop haut les noms de Van Eupen et de Vander-noot. Ces deux hommes, qu'on dit avoir donné le branle aux mouvements dont ce pays a été la victime, ont encore bien des partisans, et leur suffrage a été d'un poids déterminant sur bien des esprits. Je me garderai soigneusement de reviser les pièces d'un procès perdu; je me contente de gémir sur les fléaux qui ont désolé ce pays tout récemment. Ce qu'on raconte de l'acharnement avec lequel les deux partis ont combattu, montre de quoi est capable une poignée d'hommes qui croyent leurs privilèges violés; mais, puisque les Belges devoient être soumis, on doit les féliciter de n'avoir pas tardé plus long-temps à l'être. Chaque moment qui prolongeoit la guerre, multiplioit les malheureux. On ne rencontre que des estropiés, qui demandent l'aumône au nom de leur patriotisme, dont ils présentent pour preuve une jambe cassée, ou un bras en écharpe. Le Brabançon s'attendrit à la vue de ces infortunés défenseurs de sa cause; tandis que l'indignation anime ses regards, lorsqu'il les abat sur les troupes Autrichiennes qui occupent la ville.

Il est donc évident que les Belges n'ont pas déposé, avec leurs armes, tout ressentiment contre la Maison d'Autriche. On n'est pas réconcilié avec elle. De quoi donc se plaint-on encore? On a sur le cœur la violation des privilèges et les innovations de Joseph II en matière de Religion. Quand à ce dernier point, ce tort attaque les habitants de ce pays par un endroit très-sensible; je le dis à leur honneur. Il seroit difficile de voir un peuple plus attaché à la Foi, et à tout ce qui tient au culte divin. Dans ce moment, où il est du bel air d'être insouciant sur les choses saintes, et où l'on n'a bonne idée de soi, qu'autant qu'on s'est mis au-dessus des prétendus préjugés populaires, vous pouvez bien penser que la piété des Brabançons est en but aux sarcasmes de plus d'un Etranger; je dois à ma conviction et à mon état d'en juger autrement. Le clergé Belge n'a pas le brillant, ni peut-être même les lumières de celui de France, mais il est édifiant. Les grands tiennent à honneur de professer leur Religion; le peuple remplit les Eglises, et y prie avec ferveur. Le culte de la Sainte-Vierge jouit de la prééminence que mérite son objet; elle est comme la Patrone de la ville, et il n'est presque pas de rue, où sa statue ne soit placée. L'esprit-fort la regarde en pitié, mais je vois par d'autres yeux ; et si les anciens ont réputé comme un hommage à leur Mercure, d'avoir sa statue dans les carrefours, pourquoi n'approuverai-je pas dans un peuple Chrétien cette profession publique, qu'il fait d'un des articles respectables de sa croyance ?

Malgré la suppression des Maisons Religieuses opérée par Joseph II, il en reste encore un bon nombre. Ici, comme dans plusieurs villes de Brabant, on trouve un Béguinage; il sert d'asyle à des personnes du sexe, qui, craignant les dangers du monde, ou poussées par le goût de la solitude et d'une plus grande perfection, viennent y jouir des avantages d'une vie tranquille. La douceur de leur existence ne sauroit être altérée par l'amertume des regrets : outre qu'elles ne prennent point d'engagements, elles ne sont pas même assujetties à la loi de la clôture; et il n'est pas rare d'en rencontrer hors de leur maison, sans que cette liberté de paroître en public ait jamais occasionné le moindre scandale.

L'Evêché d'Anvers date de 1559. Il fut érigé par Paul IV, et soumis à la

Métropole de Malines. La tour de la Cathédrale, une des plus belles du monde, a quatre cent soixante-six pieds de haut, et est percée à jour. De son sommet, où la curiosité m'a conduit, on découvre des plaines immenses; mes yeux avides se portoient sur les frontières de la Hollande, qui séparent des Etats autrefois unis. Je distinguois le fort Lillo, qui, d'après les traités, est devenu le *non plus ultrà* des gros navires, et les empêche de remonter l'Escaut ; je croyois appercevoir les bouches de ce beau fleuve, et en reportant mes regards en arrière, je le voyois rouler paisiblement ses eaux fécondes à travers un pays délicieux. Par la pensée, j'arrivois jusqu'à sa source.... La voilà, me disois-je, cette France, que je viens de quitter!

« Et dulces.... reminiscitur Argos.

ENÉIDE. *Liv.* 10.

La tour d'Anvers renferme deux superbes carillons, dont l'un appartient à la ville, et ne joue qu'à certains jours de l'année. En voyant cette belle tour, on regrette que la seconde, commencée à côté, n'ait pas été achevée; et la vue de ce contraste produit une impression désagréable. L'intérieur de l'Eglise offre un assemblage, peut-être trop chargé, de peintures, dont la plûpart sont des chefs-d'œuvre. On en attribue une grande partie à Rubens, et à son habile élève, Vandyk. C'est-là, que les étrangers vont admirer la descente de Croix du premier de ces deux célèbres artistes, né ici en 1577. La Sainte-Vierge y a une expression, qu'on regarde comme le dernier effort d'un génie sublime. Cette mère semble craindre que trop peu de précaution, dans ceux qui détachent son fils de la croix, ne blesse ce corps chéri, où sa tendresse maternelle oublie que le sentiment n'est plus.

C'est à tort, je crois, qu'on vante les sept Nefs de la Cathédrale. Le nombre nuit ici à la dignité; on ne voit que colonnes et autels. A travers tant d'objets qui se croisent, il est difficile de saisir un ensemble avec précision.

Anvers présente la figure d'un demi-cercle, dont l'Escaut est la corde. A peine y étois-je arrivé, que j'ai été saluer ce grand fleuve. L'Aisne, que les yeux de notre enfance ont pris pour quelque chose, parce que nous sommes nés, l'un et l'autre, sur ses bords, n'est plus qu'un ruisseau, près de l'Escaut. Le flux et le reflux augmentent et diminuent sensiblement la masse de ses eaux. Malheureusement, on ne voit arriver dans le port que les petits bâtimens, que le canon de Lillo a laissé passer. Assez gros pour approvisionner le pays, ils le sont trop peu, pour y faire couler les richesses, qu'un commerce actif et illimité y amena autrefois, et y ameneroit encore, si la paix de Munster n'avoit bouché cette source de l'opulence d'Anvers. *Sed fortuna fuit.* Envain Joseph II déclara-t-il la guerre à la Hollande, en 1784, pour rompre les chaînes de l'Escaut ; la résistance qu'il éprouva lui parut trop forte pour les efforts qu'il pouvoit, ou qu'il vouloit faire, et Amsterdam continue à s'enrichir du tribut des mers. *

Sur les bords de l'Escaut est la statue du géant Antigone, qui, selon une ancienne tradition, désoloit ces environs. Salvius Brabon coupa une main à ce brigand, et la jetta dans le fleuve; cette action est exprimée en langue du pays

---

* Les François s'occupent sérieusement du soin de rendre à Anvers son ancien commerce.

par ces deux mots *Hand Werpen*, jetter une main : delà le nom d'*Antwerpen*, dont les François, à qui deux consonnes, suivies d'un double W, faisoient peur, ont fait le mot bien radouci d'Anvers. Cette ville a deux cent douze rues et vingt-deux places, dont aucune, à vrai dire, ne répond à l'idée que ce nom présente ordinairement. A l'orient, est la citadelle, bâtie sous les yeux du Duc d'Albe par Paciotti, aidé du Colonel Cerbelloni. Elle a deux mille cinq cents pas de circuit, et renferme cinq bastions bien terrassés et contreminés, avec des fossés larges et profonds. Je n'en ai visité qu'une partie ; une sentinelle, moins complaisante que les autres, ne me permit pas d'aller par-tout où ma curiosité m'auroit porté. Si, dans ces défenses généralement usitées dans les Places de guerre, on avoit égard aux personnes, dont les intentions sont pacifiques, à coup sûr je serois dans le cas de l'exception. Jamais personne, moins que moi, ne fut disposé à épouser la querelle d'une nation ; *la Paix, la Paix*, voilà ma devise.

Malgré mes vœux pour la tranquillité publique, il n'est que trop à craindre, que l'échauffement qui travaille les esprits, ne produise une explosion terrible. On fait grand bruit avec le Traité de Pilnitz, le rassemblement des Emigrés à Coblentz, et les armements de quelques Puissances. Il est vrai que la crainte dans les uns, ou la crédulité dans les autres, donne quelquefois de la réalité à des chimères, et peint comme présents les objets les plus éloignés. Quoi de plus mal fondé que le débarquement des Russes à Ostende? Toutefois, il est plusieurs curieux, qui se sont transportés dans ce port, pour être témoins de la descente; et à peine en croyoient-ils leurs propres yeux, quand ils trouvoient dans un calme profond une ville, qu'ils s'étoient figurés comme déjà inondée de bataillons Moscovites.

Vous, qui aimez les longues lettres, vous devez être content de celle-ci; je n'ai pourtant pas épuisé la matière que fournit Anvers à qui veut observer et tout dire. Donnez-moi quelques jours de répit, et vous recevrez de nouveaux détails.

DU MEME AU MEME.

D'Anvers, 22 *Février* 1792.

Les rigueurs de la gelée sont égayées ici par un divertissement, que nous ne connoissons pas à Rheims; ce sont les Courses de traîneaux. Deux chevaux richement parés, (car c'est réellement une parure,) font voler sur la neige une Dame et son conducteur, tous deux assez bien fourrés, pour braver la bise. Ces traîneaux, qui se suivent avec rapidité, forment de longues rangées, dont le coup-d'œil charmant fait oublier aux spectateurs qu'ils sont debout et immobiles sur le pavé incrusté d'un pied de neige à moitié fondue. Mais voyez comme les éléments sont quelquefois peu complaisants et peu courtois. Ce matin, une société d'amateurs fit la partie d'aller en traîneaux à deux ou trois lieues d'ici. Dans l'ardeur de la course, on ne s'apperçut pas qu'il dégeloit; la pluie qui survint, ayant rallenti ce feu, on remarqua bien vîte que les traîneaux n'étoient pas des voitures, et qu'ils ne servoient à rien au milieu de la fange. Il fallut attendre que des amis officieux vinssent au village chercher nos pélérines embourbées. C'est aujourd'hui le jour des Cendres; pouvoit-on mieux commencer le Carême que par cette mortification ?

Je ne fréquente pas assez la haute société pour hazarder mon jugement sur son caractère; on dit que le ton qui y règne est bon. La Noblesse est ici très-nombreuse, s'il faut y comprendre tout ce qui se pare du *Van*, qui répond à notre *De*; mais je ne crois pas que cet article porte essentiellement avec lui l'exclusion de la roture.

A Rheims, on passe pour grand Seigneur quand on roule carosse; ici, il y a près de deux cents équipages. Est-ce au luxe, à l'aisance, ou bien enfin à la mode, qu'il faut attribuer cette différence entre une ville et une autre? Les trois causes y contribuent, je pense, tout à la fois. Il est bien vrai, au moins, qu'Anvers présente un air d'opulence et de gaieté, qui est tout nouveau pour moi. Les yeux ne sont pas attristés, comme ailleurs, par le spectacle déplorable des nécessiteux, qui vous demandent de quoi prolonger leur misère avec leur vie. La suppression de la mendicité, sur laquelle on a tant écrit, qu'on a rangée dans la classe des systêmes chimériques, est pourtant ici une chose réelle. On a établi une administration, composée d'un égal nombre d'Ecclésiastiques et de Séculiers, et présidée par l'Evêque. Les riches déposent leurs aumônes dans les mains fidèles de ces personnes dévouées au bien public; qui, connoissant la situation respective de toutes les maisons pauvres, y font couler les soulagements proportionnés aux besoins, y encouragent l'industrie en l'aidant, et y essuyent les larmes que des accidents fortuits y faisoient répandre. Une occupation profitable fixe l'état de ceux qui sont bien portants, et des Maisons, soutenues par des fonds assûrés, reçoivent ceux que la caducité, ou la perte de quelque membre empêche de travailler. Les Brabançons, depuis leur dernière Révolution sur-tout, auroient bien dû multiplier ces fondations si utiles, et pourvoir au sort de tant de victimes d'une guerre malheureuse, qui vient de remplir leur pays d'une foule de nouveaux mendiants. Il n'y a que Gand, qui offre les mêmes ressources

aux

aux pauvres; mais pourquoi ce qui est possible dans deux villes, ne l'est-il pas dans toutes ?

Comme je ne me connois point en modes, je ne vous parlerai pas de l'habillement des Dames d'Anvers; en cela, ainsi qu'en bien d'autres choses, Paris est la règle généralement suivie : le modèle étant le même, toutes les copies doivent donc se ressembler. Quant aux femmes de moindre condition, on ne les rencontre jamais sans une espèce de longue Cappe, d'un jaune pâle, avec un capuchon prolongé fort en avant. Lorsqu'une de ces bourgeoises parle de près à une autre, les deux capuchons, se collant ensemble, offrent la figure assez comique d'un cylindre, terminé par les deux têtes. La classe des femmes indigentes se reconnoît au *Faye*, sorte de mantelet fort modeste, qui couvre sans apprêt la tête et les épaules, et donne à celles qui le portent l'air de Religieuses. C'est la première idée qui m'ait frappé, et j'ai cru Anvers inondé de *Nonnes* en arrivant.

Vous me demandez comment je me plais ici ? Assez solitaire au milieu d'une grande ville, je n'éprouve point de plaisirs très-piquants; mais une existence tranquille, aisée et libre a toujours suffi pour me rendre heureux. Je donne mes soins à l'Elève qui m'est confié, et je tâche de le former, encore plus par les observations que je lui fais, ou que je l'aide à faire sur tous les objets qui se présentent, que par l'étude trop aride, quand elle est seule, des livres classiques.

Nous sommes logés vis-à-vis la Salle des Spectacles; ce qu'on dit du Théâtre, n'invite point à le fréquenter. C'est uniquement un lieu d'assemblée, où la scène est ce qui occupe le moins; et où le bruit des loges et du parterre étouffe la voix des Acteurs. Le Brabant n'ayant pas produit de poëtes bien fameux, les bonnes pièces sont empruntées des auteurs étrangers. La belle littérature n'est pas ce qui distingue ce pays-ci, et des Ecrivains actuels, on ne cite avec éloge que le Père Feller, ex-Jésuite, que vous avez déjà pu lire. Théologie, Philosophie, Histoire, Politique, il embrasse tout. Cet homme, d'un savoir profond et étendu, est regardé comme le flambeau de sa patrie : au moins en fait-il l'opinion; on la recueille dans les journaux qu'il donne au public.

Ce que j'ai appris d'Allemand, il y

a quelque temps, m'a invité à m'occuper aussi du Flamand. Ces deux langues ont entr'elles une affinité très-étroite, la seconde n'étant qu'un dialecte de la première, dont elle a conservé les tours, le génie, et un bon nombre d'expressions. Pour vous en convaincre, je vais vous transcrire un passage Flamand, avec sa traduction en Allemand:

« De Regeeringh van Carel de viifde
» over de Nederlanden was geluckigh,
» wyl hy tot dit volck, en het volck
» tot hem, eene groote genegenheyd
» droegh. Want hy was te Gent ge-
» booren, en in Nederland opgevoed:
» ooch had hy veel tyds daer in
» toegebraght. Hy wist sich bysonder
» wel nae haeren aert en sinlyckheid
» te schicken, ging gantsch vriendlich
» met haer om; gebruyckte tot syne
» verrigtingen veele Nederlaenders, soo
» dat deese natie aen syn hof in een
» groot aensien was.

❊ ❊ ❊

« Die Regierung Carls des fünften
» über den Niederlandern war glücklich,
» weil er zu diesem Volk und das

» Volk zu ihm eine grosse Neigung
» trug. Denn er war zu Gent gebohren
» und in den Niederlaendern auferzogen:
» auch hatte er viel Zeit da zugebracht.
» Er wuste sich insonderheit wohl
» nach ihrer Art und Sinn schicken;
» gieng gantz freundlich mit ihnem um;
» gebrauchte zu seinen Verrichtungen
» viele Niederlaendern, so dasz diese
» Nation an seinem Hof in einem grossen
» Ansehen war.

La ressemblance est frappante, et il est visible que l'un de ces deux idiômes vient de l'autre. On s'accorde généralement à dire, que la langue Allemande est la mère du Flamand, comme elle l'est de l'Anglois, du Suédois et du Danois. Il ne tient pourtant pas à quelques Belges que les honneurs de la maternité ne soient rendus à leur langue; mais c'est une prétention qui n'a d'autre fondement que l'amour-propre national. Il ne faut pas croire au reste que le Flamand, ou le Hollandois qui ne diffère du premier que par de légères nuances, soit un simple jargon, comme je l'entends dire quelquefois à ceux qui ne le connoissent point. De ce qu'une langue soit dérivée d'une autre, même par corruption, on concluroit mal qu'elle est informe, ou imparfaite. Le François, l'Espagnol, l'Italien ne sont, à coup sûr, que le Latin défiguré, et revêtu d'une autre forme; et jamais on ne traitera ces trois langues de jargon, sans se rendre ridicule. Pourquoi pourroit-on impunément faire cette injure au langage des Belges, puisqu'il est réellement assujetti à des règles invariables, que de bons auteurs l'ont fixé, et y ont fait passer toutes les beautés de l'Allemand, à qui il doit sa naissance?

J'attends dans peu de vos nouvelles; soyez aussi prolixe que moi. Quand c'est vous qui l'êtes, vous ne l'êtes jamais trop. Je suis. . . . .

DU MEME AU MEME.

D'Anvers, 10 Avril 1792.

Quel mois fatal, que celui qui vient de s'écouler! Il a vu mourir deux puissants Souverains : l'Empereur expire le premier Mars, et le 29, un assassinat tranche les jours du Roi de Suède. (*a*) Quelle triste fin pour ce Prince, que ses actions avoient mis hors de la classe des Rois ordinaires ! Puissent ses Etats être exempts des troubles qui accompagnent trop souvent une Minorité ! Celle-ci ne doit pas être de longue durée ; le Fils de Gustave III a près de quatorze ans, et les bonnes qualités qu'on a déjà remarquées en lui, offrent à la Suède un heureux augure et le droit d'espérer que Gustave-Adolphe remplira la mesure de son nom.

Voilà une nouvelle source de spéculations pour la politique. Quant à moi, je me contente de suivre des yeux les évènements qui se succèdent sur la scène de l'Europe ; j'attends que le

---

(*a*) Gustave III avoit été blessé mortellement, dans un bal masqué, la nuit du 15 au 16. Trois jeunes Suédois, le Comte de Horn, Ribbing, Ankarstroem, qui avoient juré sa mort, tirèrent au sort l'infame honneur de lui porter le premier coup. Le dernier de ces malheureux Régicides, armé d'un poignard dentelé et de deux pistolets, tira un coup de pistolet dans les reins au Monarque, qui expira le 29 Mars 1792.

temps en développe les conséquences, et sans trop creuser dans l'abyme de l'avenir, je jouis du peu que me laisse le présent.

J'ai assisté aux Services qu'on a célébrés ici pour Léopold. Je ne doute pas que les Brabançons n'ayent prié avec ferveur pour le repos de son âme; il est mort pourtant, sans avoir satisfait à leurs vœux, et ils en attendent l'accomplissement de son successeur. Ils s'accordent, presque tous, à louer les vertus morales et religieuses de François II : c'est avec le plus grand plaisir, que j'écoute ces éloges; car si le bonheur existe sur la terre, il ne peut sortir que de l'harmonie qui règne entre la société et ceux qui la gouvernent.

Il faut que je vous parle d'une Eglise fort fréquentée à Anvers; c'est celle des Jésuites, qui offre encore des beautés rares, échappées à un terrible incendie. On y admire, outre une Chapelle, toute incrustée de marbres fins de différentes couleurs, de magnifiques Galeries, revêtues de sculptures des meilleurs maîtres. Cet art a produit bien des chefs-d'œuvre ici, mais la Peinture en compte encore davantage, grâce à Rubens et à Vandyk. Vous savez qu'on ne parle guères du premier de ces grands artistes sans y joindre son élève, né en 1599. A côté d'eux, quoique fort au dessous, je placerai Quentin Messeys, ce Taillandier qui fit les ferrements et les feuillages si estimés dont est orné le puits qu'on voit près de la Cathédrale. Quittant un art peu en honneur, il devint peintre, pour épouser la fille d'un peintre. C'est ce qu'exprime un vers latin, gravé sur son tombeau :

« Connubialis amor de mulcibre fecit Apellem.

Le génie de ces hommes illustres semble respirer sur la toile, que leur pinceau a animée. Il existe, entr'autres, une riche collection de leurs tableaux, ainsi que de ceux de leurs imitateurs, dans l'Abbaye de Saint-Michel. C'est dans cette Maison, habitée par des Prémontrés, qu'à logé Louis XV en 1746, lors de son expédition des Pays-bas. Saint-Michel est sur l'Escaut, et le Roi passoit de plein-pied de son appartement dans une barque, où il se plaisoit à faire un tour de promenade sur ce fleuve. Ce Prince étoit aimé à Anvers, et les vieillards louent encore aujourd'hui la bonne conduite des troupes Françoises, qui occupoient la ville... Le temps me presse.... Adieu.

DU MEME AU MEME.

D'Anvers, 15 Mai 1792.

« Le Printemps de retour rajeunit la nature,
» Il rend à nos forêts leurs berceaux de verdure;
» Philomèle reprend ses airs doux et plaintifs,
» L'Amant des fleurs succède aux Aquilons captifs :
» Tout charme ici les yeux; chaque instant voit éclore,
» Dans ces Prés émaillés, de nouveaux dons de Flore.
GRESSET. *

L'HIVER m'avoit tenu comme bloqué chez moi, et j'attendois avec impatience que le printemps m'ouvrît les portes de la campagne, pour aller jouir des agréments qu'il y auroit semés. Quel riche amas de beautés en tout genre ! Il a fallu bien peu d'efforts à l'art pour former ces magnifiques jardins, qui entourent les maisons de campagne, où les Anversois ont coutume de passer

---

* Traduction de Virgile, *Egl. III.*

la belle saison. La nature avoit fait d'avance presque tous les frais ; et si elle semble avoir eu encore besoin de la main de l'homme, c'est qu'elle vouloit lui réserver la liberté et le plaisir de varier les formes dans les embellissements. Je ne vous peindrai pas ces grandes allées bien dessinées et impénétrables aux rayons du soleil, ni ces superbes terrasses offrant mille perspectives ingénieusement ménagées, ni ces vertes nappes de gazon, sur lesquelles les fleurs et les oiseaux mêlent leurs couleurs, ni ces serres qui hâtent la marche du printemps. Mon imagination est trop froide pour jetter sur ce tableau les grâces, et le coloris qui leur convient ; mais si je ne puis exprimer, au moins je sais sentir, et les maisons de plaisance qu'on rencontre à chaque pas autour d'Anvers, m'ont causé une agréable sensation. L'habitation est simple ; tous les ornements sont pour le jardin.

Un autre Spectacle charmant, est celui que présente le Dimanche le village de *Borgerhout*, qui peut être regardé comme un faux-bourg de la ville ; mais faux-bourg plus gai, plus plaisant que la ville même. Ce n'est, à proprement parler, qu'une rue longue d'une demi-lieue, formée de deux rangées de maisons, que le bon goût semble avoir bâties pour le plaisir des yeux. Là, il n'est guères permis d'être mélancolique; tout inspire la joie, tout retrace l'image de la prospérité. Des tables, chargées de rafraîchissements, sont dressées, d'espace en espace, le long de cette allée, dédiée à la bonne chère; et vous diriez que c'est un banquet général, qui tient un peu des Saturnales. On y voit les conditions s'y mêler; et ce qu'on appelle les honnêtes gens ne dédaignent pas de faire nombre parmi ces convives publics, soit pour se reposer de leur promenade, soit pour considérer, plus à l'aise, ceux qui la font encore. Un bon peintre tireroit un excellent parti de ce coup-d'œil; et si le Teniers avoit pris ses idées à Borgerhout, au lieu de les chercher dans les tavernes, Louis XIV, en voyant ces bûveurs Flamands, n'auroit probablement pas dit : *Otez moi ces magots-là.*

Une qualité que l'on doit apprécier dans les Belges, c'est une propreté singulière dans leurs maisons. Chez les particuliers les moins riches, tout reluit, tout brille. Parmi nous la médiocrité de la fortune présente presque l'aspect de la misère; ici elle prend le vernis de l'aisance. Le sol seconde aussi le goût naturel du pays; il produit le plus beau lin; et la toile qui couvre la table du bourgeois Flamand, ne le cède pas en finesse à celle de la nappe sur laquelle un grand Seigneur François prend ses repas.

Il est en matière d'embellissement, une maxime que je crois vraie; c'est que, quand le goût et la propreté y président, avec peu on fait beaucoup. Je ne vois pas qu'on dépense ici plus que chez nous pour orner une maison, et cependant un village de Brabant a bien meilleure mine que toute la ville de Rheims. Un coche-d'eau en France est une voiture désagréable; et la barque de Bruxelles à Anvers est un petit château mobile, où l'on trouve à souhait toutes les commodités, que le voyageur peut désirer. L'enchantement est encore augmenté par l'aménité de la campagne que traverse la barque. C'est une vaste prairie, semée de hameaux, et coupée par de petites rivières, dont l'une passe sous le canal même. Ce canal, rendu navigable, en 1561, par Rinaldi, a coûté un million huit cent mille florins; il a cinq écluses, et se termine au village de *Boom*, où des voitures reçoivent les Passagers. De Boom à Anvers, on a pratiqué une chaussée, bordée, dans toute sa longueur de trois lieues, de jardins et de bosquets; la route est tirée au cordeau, et en quelqu'endroit qu'on se trouve, on voit le clocher de Boom, et à l'opposé la tour de la Cathédrale d'Anvers.

Vous croirez peut-être que c'est la prévention, qui me dicte les éloges, que je donne aux Brabançons? Non, je ne me laisse pas séduire ainsi, et je sais blâmer ce qui me paroît blâmable. Par exemple, je n'ai pu m'empêcher de gémir sur l'air de mascarade, qui accompagne les processions publiques d'Anvers. Les différents corps de métiers ont des vêtements ridicules et bien éloignés de la décence, qu'exige une cérémonie si auguste. C'est un spectacle, mais il est bisarre; et la dévotion la mieux soutenue ne tient pas contre la vue de ces espèces d'habits de Théâtre. C'est, dit-on, un reste de Costume Espagnol; n'importe, de quelle source que vienne un abus, une fois qu'il l'est, il doit être proscrit.... Adieu.

LETTRE DE MALFILLATRE

A M.ʳ Tochel, a Londres.

Anvers, 20 *Aoust* 1792.

Nous voici séparés, cher ami, toi à Londres et moi à Anvers. Je sais que ton départ de Rheims a suivi le mien de très-près. Pourquoi n'as-tu pas pris la même direction que moi? Qu'il m'eût été doux de continuer à m'entretenir et à vivre avec le meilleur de mes amis! Mais ta destinée te vouloit au delà des mers.

Ils sont passés ces doux moments, où ton exemple me donnoit le goût de l'étude, et sur-tout de celle de l'Histoire, à laquelle tu consacrois une bonne partie de tes journées. J'ai obligation à tes parents de m'avoir permis de partager les leçons que tu recevois; elles ont produit en moi le désir de m'instruire des évènements passés, et mon Gouverneur actuel, favorisant cette inclination naturelle, m'a conseillé d'étudier sur les lieux même, l'histoire du pays et en particulier de la ville que nous habitons. Aidé de ses observations et de celles que le local m'a fournies, je me suis hazardé à mettre en ordre les principaux faits qui regardent ces dix-sept Provinces. A un autre qu'à un bon ami, je n'oserois montrer une ébauche aussi imparfaite; mais je suis enhardi par le principe qu'on m'a souvent répété, que trop de timidité nuiroit plus à mon avancement qu'un excès de confiance.

PRÉCIS

SUR L'HISTOIRE DES PAYS-BAS.

La partie des Pays-bas en deçà du Rhin, connue sous le nom de Gaule Belgique, fut réunie à l'Empire Romain par Jules-César. Dans la suite, la Batavie et les Isles de la Zélande se donnèrent aux successeurs de ce conquérant; toutefois, ce fut plutôt à titre d'alliés, qu'à celui de sujets. Quand le Royaume de France fut fondé au cinquième siècle, les Pays-bas en firent partie : peu après, ces Provinces en furent détachées, et composèrent autant d'Etats séparés. Les mâles étant venus à manquer dans quelques unes des familles Souveraines, elles s'unirent par des mariages, et ces différents pays formèrent une seule Souveraineté, qui échut à la Maison de Bourgogne, en 1383. A la mort du dernier Duc, Charles-le-Téméraire, en 1477, sa fille Marie, seule héritière de ces Provinces, les porta dans la Maison d'Autriche, par son mariage avec Maximilien. Cette riche succession passa à son fils Philippe, père de Charles-Quint qui régna sur l'Espagne, sur Naples, et parvint à la dignité d'Empereur.

Cette heureuse politique de la Maison d'Autriche, de grossir ses possessions par des alliances, donna occasion à ce dystique :

« Bella gerant alii ; Tu, felix Austria, nube :
» Nam quæ Mars aliis, fert tibi regna Venus.

On dit que Charles-Quint avoit songé à faire un Royaume des dix-sept Provinces, mais qu'il fut arrêté par la diversité des privilèges respectifs. Il se contenta de chercher l'art de s'accommoder au génie des habitants ; il le trouva, et grâce à l'heureuse facilité de ce Prince à se conformer aux goûts des différentes Nations qu'il gouvernoit, il se rendit l'idole des Belges, chez qui il étoit né et avoit été élevé. Mais son fils, Philippe II, substitua à l'affabilité de son père un abord difficile et une fierté austère. Ce Prince séjourna quelques années dans les Pays-bas ; il tint à Anvers un Chapitre de l'Ordre de la Toison-d'or, institué à Bruges, en 1430, par Philippe le Bon, et qui avoit passé à la Maison d'Autriche, comme héritière de celle de Bourgogne dans ses biens et dans ses droits. Au commencement, cet Ordre n'avoit que trente et un Chevaliers, et on y comptoit des têtes couronnées: on pouvoit citer parmi ses membres Charles-Quint, Philippe son fils, Henri VIII Roi d'Angleterre, François I Roi de France, Ferdinand Roi des Romains, Christiern Roi de Danemarck, Maximilien Roi de Bohème, Sigismond Roi de Pologne, et Jean Roi de Portugal, tous Princes contemporains. Le nombre des Chevaliers est augmenté aujourd'hui; le jour de leur promotion, ils dinent avec l'Empereur, et laissent deux ducats sous leur serviette.

Je reviens à Philippe II, qui, s'appercevant qu'il déplaisoit aux Flamands, résolut de les quitter en 1559, après avoir confié le Gouvernement à

Marguerite d'Autriche, Duchesse de Parme, fille naturelle de Charles-Quint. Il lui donna pour Conseil, Guillaume, Prince d'Orange, les Comtes de Horn, d'Egmont, de Barlaimont, Vigilius Président du Conseil-privé, et Granvelle, Evêque d'Arras; mais il lui recommanda de ne s'en tenir qu'à l'avis particulier de ce dernier. En même temps, il promit de retirer, dans quatre mois, les troupes Espagnoles, qu'il laissoit aux Pays-bas; et l'inexécution de cet article, qui tenoit fort à cœur aux Flamands, fut la première cause des troubles qui survinrent. Il s'y en joignit bien d'autres. Le crédit exclusif de Granvelle indigna les autres Seigneurs, qui appuyèrent les murmures des mécontents et obligèrent la Gouvernante de faire embarquer les troupes. Le mal n'étoit pas guéri. Il empira par les nouvelles opinions, auxquelles on prenoit goût, malgré les Edits de Charles-Quint et de son fils, que Marguerite cherchoit envain à faire observer. Deux Ministres Réformés, qui avoient osé prêcher, l'un à Valenciennes et l'autre à Tournai, furent arrêtés et condamnés à mort. Le peuple révolté brisa leurs fers, et mit pour condition à sa fidélité le libre exercice de la Réforme. Ceci étonne dans une Nation jusques-là très-zélée pour la foi Romaine, dont les fondements avoit été jettés dès l'an 270. Les principaux Apôtres qui cultivèrent cette semence dans la suite, furent Saint-Servais à Tongres, Saint-Amand à Gand, Saint-Eloi à Anvers, Saint-Lambert à Liège, Saint-Norbert, qui prêcha à Anvers contre Tanchelin et fonda l'Ordre des Prémontrés, en 1120.

Pour affermir le Catholicisme, si violemment ébranlé par les attaques de la Réforme, on avoit érigé en 1559 plusieurs Evêchés suffragants de Malines, devenue Métropole. Granvelle en fut le premier Archevêque, et de plus il avoit reçu le chapeau de Cardinal. Puissant dans l'Etat, comme dans l'Eglise, la haine qu'on lui portoit, croissoit dans la même proportion que son autorité. On craignoit d'ailleurs que l'établissement des nouveaux Evêchés ne fût l'avant-coureur de celui de l'Inquisition, Tribunal odieux aux Flamands. Le Prince d'Orange, les Comtes d'Egmont et de Horn, après avoir instamment prié le Roi d'Espagne par lettre, de rapeller le Cardinal, finirent par declarer à la

Gouvernante, qu'avant qu'on ne l'eût éloigné, ils ne reparoîtroient jamais devant elle. Enfin, l'ordre vint à Granvelle de sortir de Flandre; et son départ, qui eut lieu en 1564, sembla avoir ramené le calme. Rien n'étoit plus trompeur que cette tranquillité apparente. Le Roi d'Espagne avoit bien connu la source de tout le mal, quand il l'avoit attribuée à l'esprit de la Réforme, qui se glissoit dans les dix-sept Provinces. Aussi recommanda-t-il spécialement à sa sœur d'en arrêter les progrès; et il avoit fallu, pour se conformer à ses ordres, en venir à de terribles exécutions, qui cependant n'avoient pas étouffé l'hérésie dans le sang qu'on avoit fait couler. On cria plus haut que jamais contre les Edits de Religion et la publication du Concile de Trente. Le Comte de Horn, envoyé en Espagne par la Gouvernante et fort bien accueilli du Roi, ne changea rien à la détermination de ce Prince, qui remit au député une instruction, contenant des dispositions sévères contre les Novateurs. Ce fut le signal de la révolte. L'étincelle, qui produisit l'incendie, partit de Bréda, en 1566. Saint-Aldegonde, gentilhomme Calviniste, rassembla chez lui neuf partisans de sa secte, et leur fit signer un acte, par lequel ils s'engageoient à mourir plutôt que de souffrir les violences qu'on vouloit exercer contre la Réforme. Cet acte, appellé le *Compromis*, fut souscrit par une infinité de personnes de toutes conditions, entr'autres par Henri de Bréderode, issu des Comtes de Flandre, Louis de Nassau, frère du Prince d'Orange, et le Comte de Culembourg, qu'on regarda comme les Chefs de la confédération. Bientôt on vit deux cents de ses membres paroître publiquement à Bruxelles, et Bréderode présenta à Marguerite une requête, au nom de la Noblesse de Flandre, pour demander la liberté de conscience. La Gouvernante y répondit, en promettant d'apporter de la modération à la sévérité des Edits. Le même jour, cette Princesse ayant manifesté ses inquiétudes à Barlaimont, celui-ci la rassûra, en disant : *Il n'y a rien à craindre, Madame, ce ne sont que des gueux.* L'anecdote ayant été racontée dans un repas de trois cents couverts, où se trouvoient les conjurés et où on proposa de donner un nom à la confédération, Bréderode imagina d'adopter pour devise le nom de Gueux. A l'instant, la salle retentit du cri de *Vivent les Gueux!* Bréderode, ravi de la tournure avantageuse qu'avoit prise le sarcasme de son ennemi, suivit cette idée, et se fit apporter une besace et une écuelle de bois, qu'il remplit de vin. Il y bût, et touts les convives, après lui, en criant: *Vivent les Gueux!* Enfin, pour remplir tout le sens de cette dénomination, les Confédérés se firent tous habiller d'une étoffe grise, de bas prix, et pendirent à leur ceinture une écuelle de bois. On frappa une médaille, qui portoit ces mots: *Fidèles au Roi jusqu'à la besace.*

Cependant les hérétiques se portoient à des excès. La Réforme se prêchoit publiquement, et ses Ministres eûrent à Anvers jusqu'à seize mille auditeurs. La Gouvernante fut obligée d'y envoyer le Prince d'Orange, dont elle se défioit secrettement, mais qu'elle savoit avoir le plus d'autorité sur le peuple. A son arrivée, on entonna les pseaumes de Marot, et on cria: *Vivent les Gueux!* Il imposa silence à la populace, et durant son séjour, Anvers fut calme. A peine fut-il éloigné, que les désordres s'y renouvellèrent, ainsi que dans d'autres villes des Pays-bas; et la Gouvernante, cédant à la violence de l'orage, accorda la liberté de conscience. Anvers, Malines et Tournai eûrent des Prêches avoués du Gouvernement: ce n'étoit pas assez pour des esprits inquiets. Les séditions étoient continuelles à Anvers, et ce ne fut qu'à main armée, qu'on força cette Place à recevoir une garnison, qui servit de frein aux Protestants et d'appui aux Catholiques.

Philippe II, après avoir long-temps feint de vouloir se rendre dans les Pays-bas. se contenta d'y envoyer le fameux Duc d'Albe. A cette nouvelle, le Prince d'Orange prit le parti de se réfugier en Allemagne, et cent mille Belges partirent de leur pays, craignant le Capitaine Espagnol, dont la sévérité étoit connue. Le premier acte, par lequel il confirma l'idée qu'on avoit de lui, fut l'arrestation des Comtes d'Egmont et de Horn. Quand Granvelle, qui étoit alors à Rome, l'eut appris, il demanda, si on s'étoit aussi assûré du *Taciturne ?* C'étoit le Prince d'Orange, qu'il désignoit ainsi. On lui répondit que non : *Si cela est*, dit-il, *il ne tient rien.*

Comme ce double coup avoit été porté sans la participation de la Gouvernante, elle comprit qu'elle n'étoit plus rien, et sollicita son rappel. Après l'avoir obtenu, elle emporta dans sa retraite les regrets de toutes les Provinces.

Le Duc d'Albe, revêtu d'un pouvoir absolu, établit le Tribunal, dit le Conseil des troubles, nom que le peuple changea en celui de *Conseil de sang*. Les prisons se remplirent, des échafauds furent dressés et le sang y coula. Comme Anvers étoit la ville la plus peuplée, il se hâta d'y faire construire une Citadelle. Les habitants, condamnés à entretenir une forte garnison à leurs dépens, tant que la forteresse ne seroit pas achevée, s'empressèrent de finir cet ouvrage, pour faire cesser un plus grand mal. Quatre des Bastions portoient chacun un des noms du Gouverneur, qui s'appelloit *Ferdinand Alvarèz de Tolède, Duc d'Albe*. On donna au cinquième celui de *Paciotti*, qui avoit été l'Ingénieur.

Le Prince d'Orange ne s'étoit pas retiré en Allemagne, pour y vivre dans l'inaction. Il ne vouloit rentrer dans son pays qu'avec des forces assez considérables, pour ne pas se compromettre avec un Général de la réputation du Duc d'Albe. Jusqu'alors, il s'étoit toujours

jours ménagé entre les deux Religions; dans la crise, où il se trouvoit, il prit conseil de son intérêt. S'adressant aux Princes Protestants, il leur persuada si bien que sa cause étoit la leur, et que si on ne s'opposoit à l'Espagne, c'en étoit fait de la Réforme, qu'il les détermina à lui fournir des troupes. Son frère, Louis de Nassau, entra en Frise avec treize mille hommes, et battit complettement le Comte d'Aremberg, que le Duc d'Albe avoit envoyé contre lui. Cet échec fit comprendre à ce dernier que les Confédérés étoient réellement à craindre, et il résolut de se mettre à la tête des Espagnols, sitôt qu'il auroit terminé le procès des Comtes de Horn et d'Egmont. La sentence de mort fut prononcée contre ces illustres accusés; ils eûrent la tête tranchée, le 5 Juin 1568, sur un échafaud construit dans la grande Place de Bruxelles.

Croyant n'avoir plus rien à craindre des ennemis intérieurs, le Duc d'Albe songea à repousser ceux du dehors. Il écrasa la petite armée de Louis de Nassau à Guemingue, en Frise, et ne put pourtant empêcher son frère de passer la Meuse; mais il dédaigna de se mesurer avec ce Prince. Les troupes des révoltés, comme il l'avoit prévu, fatiguées par la disette de vivres, refusèrent le service, et on fut obligé de les congédier.

Le Gouverneur, après avoir chassé deux armées des Pays-bas, retourna à Bruxelles l'année suivante, et s'occupa à satisfaire sa vanité. Des Canons pris à Guemingue, il fit fondre une Statue qui le représentoit, et la plaça dans la Citadelle d'Anvers. Il tenoit d'une main le Bâton de commandement et étendoit l'autre sur la ville, comme pour la menacer. Debout, armé de toutes pièces, il fouloit aux pieds un monstre à deux têtes, qui figuroient la noblesse et le peuple. Ce monstre tenoit une torche, un marteau rompu et un livre; il portoit une besace, et des écuelles de bois pendoient à ses oreilles. Sur la bâse de ce monument, on lisoit cette inscription latine, en lettres initiales :

F. A. A. T. A. D. PH. II. H. R. A. B. P.

Q. E. S. R. P. R. P. J. C. P. P. F. R.

O. M. F.

P.

Ce qui signifioit.

« *Ferdinando Alvarez a Toledo,*
» *Albæ Duci, Philippi II Hispaniarum*
» *Regis apud Belgas Præfecto, quòd*
» *extinctá seditione, rebellibus pulsis,*
» *Religione procuratá, justitiá cultá,*
» *Provinciarum pacem firmavit, Regis*
» *optimi Ministro fidelissimo positum.*

On peut bien juger de l'indignation des Flamands, en voyant cette statue qui insultoit à leurs malheurs. Leur ressentiment s'aigrit bien davantage encore, quand, au mépris de leurs privilèges, ils se virent assujettis à des impôts exorbitants. Ce peuple, qui avoit été le jouet de la férocité Espagnole, sortit de sa létargie et effraya le Duc d'Albe lui-même, par l'aspect affreux d'une rébellion générale.

L'Amiral Coligny avoit conseillé au Prince d'Orange de ne pas se décourager et de tenter quelqu'entreprise sur mer, sous la protection d'Elisabeth, Reine d'Angleterre : delà, l'origine des *Gueux de mer*, dont le coup d'essai fut la prise de la Brille, en 1570. La Hollande et la Zélande se révoltèrent, et Paciotti fut pendu à Fleissingue ; Amsterdam et

Midelbourg fûrent les seules villes, dans ces deux Provinces, qui restèrent sous l'obéissance. En même temps, le Comte Louis de Nassau prit Mons, par un heureux stratagême. Cette ville ne tarda pas à être emportée par le Duc d'Albe, qui venoit de battre le Prince d'Orange et le forcer à la retraite. Malines fut livrée au pillage, pour avoir ouvert ses portes aux Confédérés; Zutphen et Naerden expièrent la même faute par le même châtiment. L'attente d'un pareil sort n'effraya pas Harlem, bloquée par Dom Frédéric, fils du Gouverneur des Pays-bas. Des cruautés réfléchies, commises de part et d'autre, prouvent à quel excès l'acharnement étoit porté. C'étoient, à chaque instant, des têtes coupées, que s'envoyoient les assiégés et les assiégeants, ou des prisonniers, qu'on pendoit à la vue des ennemis. Après une longue et généreuse défense, il fallut pourtant capituler. Le vainqueur exigea deux cent mille florins et six personnes à son choix, pour les punir, comme il le jugeroit à propos. On se rendit à ces conditions; mais le barbare Frédéric, en huit jours de temps, fit périr plus de huit mille personnes, dans des supplices aussi cruels.

que diversifiés. Ce terrible exemple fit résoudre les autres villes révoltées à ne plus se fier aux Espagnols ; et le Duc d'Albe, voyant son autorité funeste au repos des Provinces et à charge à lui-même, demanda son rappel et eut pour successeur Requesens, Grand-Commandeur de Castille, en 1573.

Le nouveau Gouverneur commença par faire abattre la statue de son prédécesseur, et annonça un pardon général ; mais il falloit, pour en profiter, abjurer la Réforme ; ce qui resserra beaucoup l'amnistie. La guerre continua donc, et Midelbourg fut obligée de se rendre aux Confédérés. Les Espagnols se consolèrent de cette disgrace par le succès de la bataille de Mook, sur la Meuse, où périrent Louis et Henri de Nassau, frères du Prince d'Orange, et et le Prince Christophe, fils de l'Electeur Palatin. Le Général d'Avila, pour récompense de cette victoire, eut le chagrin de se voir abandonné par son armée, qui, couverte de lauriers, n'avoit rien reçu depuis près de quatre ans. Elle se rendit à Anvers, se fit dire une messe au milieu de la Place, et jura entre les mains de l'Aumônier de ne plus servir, qu'elle ne fut payée.

Requerens voulut la haranguer; il n'en tira d'autre réponse que ces mots: *Dineros, Dineros, y non palabras*, (de l'argent, de l'argent, et non pas des paroles). Le Gouverneur vendit sa vaisselle et emprunta des marchands. A peine ces mutins se virent-ils tant d'argent dans les mains, qu'ils le répandirent en aumônes par toute la ville, et les Cordeliers eûrent jusqu'à quatre mille écus.

Leyde étoit assiégée par les Espagnols. On en avoit fait sortir les femmes et les vieillards, qui, retirés à Harlem, écrivirent à leurs parents une lettre, par laquelle ils les engageoient à ne pas s'obstiner à une résistance inutile. Dousa, qui défendoit la ville, sentit bien que les auteurs de la lettre n'étoient que les organes des Espagnols, et il y répondit par ce vers latin :

« *Fistula dulce canit, volucrem dùm decipit anceps.*

C'est-à-dire, *l'oiseleur trompe l'oiseau par le doux son de la flûte.*

Cependant, la Place souffroit les horreurs de la famine; et la seule consolation, étoit d'entretenir encore correspondance avec les Confédérés. Les habitants avoient des Pigeons accoutumés à voler de leur ville à Delft, où étoit le Prince d'Orange, et à retourner ensuite à Leyde. Par le moyen d'un billet, qu'on leur attachoit à la patte, on avoit souvent des nouvelles du dehors. Mais le secours vint de Leyde même; on rompit les digues, et vingt lieues de pays se trouvèrent sous les eaux : à la faveur de cette inondation, des barques introduisirent des vivres dans la ville; et les Espagnols, surpris par ce déluge, levèrent le siège. Peu après, Requesens mourut à Anvers, en 1576.

En attendant qu'il fût remplacé, les troupes Espagnoles, toujours mal payées, commirent de grands désordres, et le Prince d'Orange, que la Hollande et la Zélande avoient reconnu pour Chef, profitant du mécontentement causé par ces nouvelles vexations, engagea toutes ces Provinces à se réunir contre l'ennemi commun. Les *Etats-Généraux* s'assemblèrent à Gand. C'est-là que fut signé le Traité-d'Union, qu'on appelle la *Pacification de Gand* : on y stipuloit, que la Nation uniroit ses efforts pour chasser les Espagnols, et que chacun exerceroit librement sa Religion, jusqu'à ce que les Etats en eussent ordonné autrement. Le Luxembourg refusa d'entrer dans cette alliance.

Le Roi d'Espagne, instruit de l'état déplorable des Pays-bas, avoit nommé pour Gouverneur Dom Juan d'Autriche, fils naturel de Charles-Quint, déjà célèbre par tant de victoires, et sur-tout par celle de Lépante. On résolut de le reconnoître, à condition qu'il ratifieroit la Pacification de Gand, et qu'il éloigneroit les troupes étrangères. Dom Juan consentit à tout : les Espagnols évacuèrent le pays, et les Citadelles furent confiées à des officiers Flamands. Le Duc d'Arschot eut en dépôt celle d'Anvers.

Le Gouverneur avoit l'âme trop élevée, pour souffrir patiemment les entraves qui resserroient son pouvoir. Son adresse le tira du néant, où il étoit réduit ; sous prétexte d'une partie de chasse, il surprit le Château de Namur, et fit venir des troupes de la Bourgogne et de l'Italie. Les Etats, de leur côté, appellèrent à leur secours le Prince d'Orange, qui fut reçu avec acclamation à Anvers, nommé aussitôt Gouverneur du Brabant, et revêtu d'une autorité très-étendue. Le premier usage qu'il en fit, fut d'ordonner qu'on démolît la Citadelle d'Anvers, et en peu de jours il n'en resta pas le moindre vestige.

Le Duc d'Arschot ne trouva point de meilleure barrière à opposer aux Confédérés, que de faire passer le Gouvernement à l'Archiduc Mathias, frère de l'Empereur Rodolphe; mais les conditions qu'il lui prescrivit, étoient si gênantes, que se croyant dispensé de toute reconnoisance envers le Duc, il donna sa confiance au Prince d'Orange. Cependant, Dom Juan d'Autriche se mit à la tête de quinze mille hommes, que son neveu, Alexandre de Parme, fils de l'ancienne Gouvernante, lui avoit amenés. C'étoit trop de ces deux grands Capitaines pour gagner une bataille; les troupes des Etats furent taillées en pièces à Gemblours. D'ailleurs, on se dégoûta de l'Archiduc, qui n'offroit ni capacité, ni soldats, ni argent, et on appella, tout à la fois, le Duc d'Alençon, frère de Henri III, et le Prince Casimir, fils de l'Electeur Palatin. L'un et l'autre n'apportant dans les Pays-bas que leurs personnes, n'y firent qu'une apparition, dont on s'apperçut à peine.

La mort de Dom Juan, arrivée le

premier Octobre 1578, laissoit vacante la place de Gouverneur. Ce n'étoit presque plus qu'un titre, que le Roi d'Espagne donna au Duc de Parme; mais un titre étoit beaucoup pour ce guerrier habile. Il insulte Anvers, où étoit l'Archiduc avec le Prince d'Orange, et attaque Borgerhout, en déloge les troupes des Etats, qui se retirent sous le canon de la ville. Craignant de ne pouvoir emporter cette Place, il passa la Meuse, pour faire le siège de Mastricht. On y épuisa, de part et d'autre, les ressources que connoissoit dans ce temps l'art de la guerre, et chaque pouce de terre coûtoit aux Espagnols un sanglant combat. Enfin leur constance fut couronnée; la forteresse fut prise d'assaut, et tout ce qui fit résistance, passé au fil de l'épée.

Tandis que le Duc de Parme étoit occupé aux travaux devant Mastricht, il reçut une députation des Provinces Walonnes, c'est-à-dire, de l'Artois, du Hainaut et de la Flandre, qui se réconcilioient avec le Roi d'Espagne. Le Prince d'Orange, pour arrêter les suites d'un évènement si contraire à ses intérêts, convoqua une Assemblée des Etats à Utrecht, au mois de Janvier 1579.

Les Provinces Septentrionales le reconnûrent pour leur *Stadhouder*, se constituèrent en République, et sanctionnèrent la liberté de conscience. C'est ce qu'on appelle l'*Union d'Utrecht*, qu'on peut regarder comme l'époque de l'établissement de la République de Hollande. Ses commencements fûrent très-foibles, de l'aveu même de ses fondateurs ; car ils firent frapper une médaille, sur laquelle on lisoit ces mots : *Incertum quò fata ferant.*

Suivit le congrès de Cologne, où l'Empereur Rodolphe se porta pour médiateur ; mais les deux partis faisant des demandes également exorbitantes, on se sépara sans rien conclure, comme le Duc de Parme l'avoit prévu et comme le Prince d'Orange l'avoit souhaité.

Jusques-là, les Etats s'étoient encore reconnus, même dans leurs Manifestes, pour sujets naturels du Roi d'Espagne. Le Prince d'Orange, pour couper ce dernier lien, déjà très-foible, détermina les Confédérés à donner la Souveraineté des Pays-bas au Duc d'Alençon, qui l'accepta, quoique l'autorité qu'on lui confioit ne sortît guères des bornes d'un hommage stérile.

Le Roi d'Espagne, à cette nouvelle,

résolut de mettre à prix la tête du Prince d'Orange, comme l'auteur principal de cet attentat. Celui-ci répondit à cet Edit de proscription par l'apologie de sa conduite ; il ne s'en tint pas là ; il engagea les Etats à déclarer, par un Acte authentique, Philippe II déchu de la Souveraineté des Pays-bas. Sa vengeance fut bien servie ; on brisa les statues du Roi d'Espagne, on rompit son sceau, et on exigea un nouveau serment des Officiers tant militaires que civils.

La guerre continuoit ; on se prenoit mutuellement des villes. Le Duc d'Alençon s'étoit déjà rendu maître du Cambrésis, quand il se vit abandonné de ses troupes. Dans sa détresse, il passa en Angleterre, où Elisabeth l'amusa par l'espoir qu'elle lui donna de l'épouser. Ce Prince fut dupe, comme bien d'autres, des artifices de cette Reine, qui finit par l'engager à retourner dans les Pays-bas. Il arriva, en 1582, à Anvers, où il fut reçu avec beaucoup de magnificence : on dressa sur la Place un théâtre richement paré, et on revêtit le nouveau Duc de tous les ornements de sa dignité. Le plus empressé en sa faveur, fut le Prince d'Orange, disposé certainement à détruire dans le temps l'ouvrage que la politique du moment lui faisoit élever.

Malheureusement pour le Duc d'Alençon., la France, déchirée par des guerres civiles, ne pouvoit lui fournir que de foibles secours : aussi les Etats, se voyant sans défense contre le Duc de Parme, n'avoient que du mépris pour le Prince François, qui alloit, comme l'Archiduc Mathias, devenir la fable de l'Europe. Le Duc d'Alençon, honteux de jouer ce ridicule personnage, tenta de venger son honneur outragé, en s'assûrant de plusieurs Places par force, ou par surprise. Il se chargea lui-même de la réduction d'Anvers, et y introduisit des troupes, qui se saisirent de la porte Kipdorp et pointèrent le canon des remparts contre la ville, en criant : *Vive le Duc, et la Messe!* Les bourgeois courent aux armes, abaissent la herse, qui livroit à la boucherie les François entrés dans la Place, tandis que les batteries, déjà reprises, foudroyoient ceux des ennemis qui étoient hors de la ville... Toutes les fois que je passe sous cette fatale machine, je crois voir la terre rougie encore du sang de mes Compatriotes,

Le Duc échappa au carnage ; mais son procédé, qu'il chercha à colorer par des prétextes spécieux, aliéna de plus en plus les esprits ; et las de gouverner un peuple indocile, il se laissa aller à un chagrin sombre, qui, en 1584, le conduisit au tombeau à Château-Thierry, où il s'étoit retiré.

Les Etats n'avoient plus pour défenseur que le Prince d'Orange ; encore leur fut-il enlevé. Déjà ce Prince avoit failli être tué à Anvers, par un nommé Jauregui, qui lui avoit déchargé un pistolet à travers les deux joues. L'assassin avoit été percé de mille coups sur la place. Ce châtiment n'épouvanta pas un Franc-Comtois, appellé Balthazar Gérard, qui, à force de paroître zélé pour la Réforme, gagna la confiance du Stadhouder. Un jour qu'il en recevoit un passeport, ce malheureux lui tira dans l'estomac un coup de pistolet, dont le Prince mourut sur le champ, à Delft, le 10 Juillet 1584. Le meurtrier s'enfuit, mais il fut reconnu, et expira dans les tourments les plus horribles. On ne put se défendre du soupçon que les Espagnols avoient eu part à cet assassinat, quoique Gérard niât toujours que personne l'y eût poussé ; on songea moins que jamais à se rapprocher d'eux.

Maurice, fils de Guillaume, fut mis en possession de toutes les charges, dont son père avoit été revêtu, mais la Souveraineté fut offerte à Henri III. Les troubles de la France l'empêchant de la faire valoir, le Duc de Parme profita de la circonstance, pour attaquer Anvers avec douze mille hommes. Ce siège est mémorable dans l'histoire de ces temps-là, par les grandes machines dont on s'y servit, par une digue dont on barra l'Escaut, et sur-tout par le pont, qu'y jetta l'Architecte George Rinaldi. Ce Pont, chef-d'œuvre de hardiesse, ne décida pourtant pas du sort de la Place ; il fut emporté, en grande partie, par des bateaux chargés d'artifices, auxquels les assiégés avoient fait descendre le fleuve. Cette explosion imprévue mit le Prince dans un grand danger ; il étoit en outre investi par les garnisons de Bruxelles et de Malines. Sa constance ne fut pas rebutée, et il lui fut redevable de la prise d'Anvers, que la famine réduisit à capituler, en 1585.

Gand, Bruxelles, Malines et Nimègue subirent le sort d'Anvers, et les

Etats, effrayés des progrès des armes Espagnoles, implorèrent l'assistance d'Elisabeth. Cette Princesse leur envoya des troupes, et mit à leur tête le Comte de Leicester, dont l'incapacité fut marquée par des revers continuels. Il quitta le commandement, et les Hollandois, (car c'est sous ce nom qu'on connut dès lors les Provinces détachées de l'Espagne), laissés à leurs propres forces, tirèrent leur salut des fautes de leurs ennemis. Le Roi d'Espagne, au lieu d'agir contre les Pays-bas, arma contre l'Angleterre une flotte considérable, que la tempête abyma, en 1588, et l'année suivante, il ordonna au Duc de Parme de venir en France, au secours de la Ligue. La Hollande respira. Le jeune Maurice, nommé Commandant des troupes de terre et de mer, surprit Bréda et réduisit presque toute la Gueldre. La mort du Duc de Parme, arrivée en 1592, délivra les Provinces-Unies d'un redoutable adversaire; et malgré l'habileté de son successeur, Albert d'Autriche, à qui Philippe fit épouser Isabelle, on vit les Hollandois, aiguillonnés par le besoin et la soif du gain, équipper des flottes et montrer aux mers des Indes le pavillon d'une

Puissance qui venoit de se donner l'existence à elle-même.

Sur terre, les succès étoient variés : il seroit trop long de parler de tous les évènements de cette guerre, mais on ne peut passer sous silence le fameux siège d'Ostende. Ambroise Spinola, Général Espagnol, le commença, par ordre de l'Archiduc, en 1601 ; il y perdit quatre-vingt mille hommes, et les assiégés, dont la garnison fut renouvellée plusieurs fois, en perdirent plus de cinquante mille. En vingt mois de temps, les assiégeants tirèrent deux cent cinquante mille coups de canon, dont on entendit le bruit de Londres. Enfin la Place capitula, en 1604.

L'Espagne, fatiguée d'une guerre opiniâtre qui l'épuisoit, faisoit des vœux pour la paix. L'Archiduc Albert proposa des conférences à la Haye, et y envoya Spinola, comme Ambassadeur. On y disputa beaucoup. Les Hollandois prétendoient être reconnus pour un peuple libre, et l'Espagne ne vouloit pas trancher ce mot. On trouva un moyen terme ; il fut convenu que les Espagnols traiteroient avec les Provinces-Unies *comme* avec une Nation indépendante, et on signa une trêve de douze ans.

Les hostilités recommencèrent dans la suite, mais les faits qu'elles amenèrent, appartiennent proprement à l'histoire de la Hollande, où je n'ai pas encore mis le pied. Si jamais j'y fais un voyage, je recueillerai ce que ce pays me fournira, pour t'en faire part.

Des neuf Provinces, qui restèrent sous la domination Espagnole, l'Artois fut réuni à la France, à titre de conquête, ainsi qu'une partie de la Flandre et du Haynaut. Le Brabant, arrosé de sang pendant le long règne de Louis XIV, passa par la paix d'Utrecht, en 1713, à l'Empereur d'Allemagne, Charles VI, dont la postérité le possède encore aujourd'hui.* En 1715, après plusieurs conférences tenues dans l'Hôtel-de-ville d'Anvers, fut conclu entre l'Empereur et les Hollandois, le traité des Barrières, qui contient vingt-neuf articles. On y donne aux Etats-Généraux le droit de mettre garnison dans plusieurs villes des

---

* Par la paix de Campo-Formio en 1797 et par celle de Lunéville en 1801, l'Empereur François II renonce pour lui et ses successeurs à la Souveraineté des Pays-bas-Autrichiens, en faveur de la République Françoise.

Pays - bas, conjointement avec les Autrichiens.

Chaque Province de la Belgique a des privilèges et un mode de Gouvernement particulier. Le Brabant entr'autres, est régi par les Etats, composés des trois classes, du Clergé, de la Noblesse et du Tiers-Etat. Il y a en outre un Conseil Souverain, dont le Chancelier est le chef, et un Conseil d'Etat, présidé par le Gouverneur des Pays-bas.

Il n'y a pour cette portion de la Monarchie Autrichienne qu'une Université, c'est celle de Louvain, fondée, en 1426, par Jean IV, Duc de Bourgogne. On y compte quarante Collèges. C'est le Dimanche qui suit la Saint-Martin, qu'on proclame le *Premier de la Promotion* : il est reconduit dans son lieu natal avec de grands honneurs, son entrée a l'air d'un triomphe, et s'il joint la bonne conduite aux talents dont il a fait preuve, le chemin lui est ouvert, pour la suite, aux emplois les plus distingués.

Adieu, mon cher ami, si tu désires la continuation de l'histoire de la Hollande, fais des vœux pour que je puisse y aller ; de mon côté, je le souhaite ardemment.

LETTRE DE M.r ANOT

à M.r De Riroc, a Varsovie.

D'Anvers, 30 Septembre 1792.

Je vous sais bon gré, mon cher ami, de m'avoir indiqué le lieu de votre domicile; envain avois-je cherché à le découvrir. Ce que je ne puis comprendre, c'est que vous ayez été vous fixer dans un pays, presqu'aussi agité que celui que nous avons quitté. Il me paroît pareillement bien étrange, que vous soyez si peu au fait de ce qui s'est passé en France et aux environs, depuis quelques mois; je vais vous en instruire, et en même temps vous affliger; car vous êtes sensible, et le sang a coulé.

À votre départ de Rheims, vous avez dû conclure, d'après la disposition des esprits, que la guerre ne manqueroit pas d'éclater entre la France et l'Autriche. La chose arriva en effet, et les troupes Françoises commencèrent par une invasion dans la Flandre. J'ai vû défiler la garnison d'Anvers, qui se portoit sur les frontières, pour se joindre au peu de troupes Autrichiennes répandues dans la Belgique et s'opposer aux progrès de l'ennemi, sous la conduite de Saxe-Teschen, de Clairfayt et de Beaulieu. Mais une entreprise plus sérieuse se concertoit à Coblentz, où les Emigrés se tenoient rassemblés depuis long-temps ; le Roi de Prusse y parut à la tête d'une armée, dont il avoit donné le commandement au Duc de Brunswick. Ce Général publia un manifeste, où il annonçoit les dispositions des Alliés, et la marche de l'armée combinée s'ouvrit par des succès : Montmedi, Longwy, Verdun fûrent bientôt au Roi de Prusse, qui s'avança dans notre Province. La terreur s'y répandit, et Paris même ne put s'en défendre. Cette impression en produisit une autre ; ce fut l'oubli des loix de l'humanité. Les massacres des deux et trois Septembre sont connus dans toute l'Europe, et vous en savez au moins les principales circonstances ; elles sont affreuses ! Des centaines de victimes ont été égorgées par une horde de scélérats, dont sans doute la Nation n'a pas partagé le crime, et qu'elle mettra sa gloire à punir un jour. Rheims se ressentit de la secousse de la capitale, et fut aussi le théâtre des meurtres et des cruautés les plus révoltantes.

« O France, ô ma patrie, ô séjour de douleurs!
» Mes yeux à ces pensers se sont mouillés de pleurs.

Un Décret foudroyant condamna à la *déportation* tout prêtre non assermenté. Les chemins et les sentiers les plus détournés furent couverts de ces infortunés, qui tâchoient de se soustraire aux recherches des malveillants. Chassés de leur patrie, ils éprouvoient mille obstacles pour en sortir : ce ne fut qu'à travers les mauvais traitements, auxquels l'autorité civile s'opposoit en vain, qu'ils s'échappèrent, et ils furent réduits à s'estimer heureux, quand ils se virent hors de leurs foyers. L'Etranger accueillit ceux que leur pays repoussoit de son sein. On voit arriver de tous côtés ces nombreux exilés, ployant sous le faix d'un vil fardeau, trop au-dessus de leurs forces et bien au-dessous de leurs besoins. Anvers contient dans ce moment-ci environ trois cents de ces déportés, qui y sont venus par le Nord de la France, ou qui y ont reflué d'Angleterre, où plusieurs avoient abordé.

La vue des Coalisés au milieu de la France, loin d'abattre les courages leur avoit donné une énergie qui confinoit à l'audace. Ce fut dans une crise, dont on ne pouvoit prévoir les suites, que la *Convention*, qui venoit de succéder à l'*Assemblée Législative*, déclara la France *République*, et l'Ere de la *Liberté* commencée le 22 Septembre, sans s'inquiéter que Frédéric-Guillaume fût sous les murs de Châlons et marchât vers Paris. Il n'y parvint pas, en effet. Il recula, abandonna les villes prises, et les François respirèrent. Ils faisoient plus; ils conquéroient. A peine avoit-on eu le temps de lire la déclaration de guerre au Roi de Sardaigne, que déjà Montesquiou étoit dans Chamberry.

Voilà l'état actuel des choses, et il n'est pas facile de deviner la tournure qu'elles prendront. Notre patrie est dans l'agitation, et les secousses qu'elle éprouve, se communiquent aux pays voisins.

La Fayette n'est plus en France; ne s'y croyant pas en sûreté, il est entré dans la Belgique, en Emigré, mais il y a été arrêté en ennemi. Il a perdu la liberté, en voulant la conserver. Dumourier est à la tête de l'armée

Républicaine, et qui sait, où il va la conduire ? Ce Général a tout l'air de jetter les yeux sur le pays que j'habite, et je ne voudrois pas répondre qu'il ne m'en délogera pas.

Adieu, mon cher ami, actuellement que j'ai votre adresse, je ne vous laisserai pas manquer de nouvelles, quand j'en aurai d'intéressantes.

DU MEME AU MEME.

Anvers, 15 Novembre 1792.

JE pars, mon cher ami, je pars demain à la pointe du jour. C'est à regret que j'abandonne Anvers ; mais, tout bien considéré, je ne puis prudemment y rester. Ecoutez-moi, avant de me juger.

Le 10 de ce mois, à six heures du matin, lorsque je dormois profondément, je me sens secouer assez rudement pour m'éveiller en sursaut. J'ouvre des yeux pleins de sommeil, et je vois notre ami M.ʳ..., qui me dit, avec le ton moqueur que vous lui connoissez : *Alerte, l'ennemi approche !* Il falloit plus que ces mots

mots, que je prenois pour une plaisanterie, pour me tirer de mon assoupissement; mais, quand d'un ton plus sérieux, il m'eut assûré que les François avoient remporté une victoire décisive sur les Autrichiens, et que les chemins étoient couverts de fuyards; alors je commençai à croire que j'allai me trouver embarrassé. Toutefois, de peur d'être pris pour dupe et de voir ma crédulité servir de jouet à mon ami, je me fis raconter plus au long ce qui s'étoit passé : le tout se réduit à ces principales circonstances. Les François, commandés par Dumourier, s'avancèrent vers Mons et livrèrent aux Impériaux une bataille en règle, à Jemappe. La perte est considérable des deux côtés, les Autrichiens sont vaincus et Mons occupé par leurs ennemis, qui se portent à grands pas vers Bruxelles. Ils doivent y être au moment où je vous écris.

Je vais gagner les bords de la Meuse, et là je prendrai langue. Quand je serai fixé, je vous le manderai.... Adieu.

DU MEME AU MEME.

De Weert, dans la Campine Brabançonne,
19 Novembre 1792.

J'ARRIVE en ce moment, fort las d'avoir traversé un si triste pays. Quel désert que ces Campines! Campines Brabançonne, Hollandoise, Liégeoise; car il y en a trois, l'une aussi désespérante que l'autre. La seule ville un peu passable que j'aye vue, est Turnhout, où a commencé l'insurrection Belgique, sous Joseph II. J'ai trouvé les habitants disposés à recevoir les vainqueurs de Jemeppe; ils portoient déjà la cocarde tricolore, en signe de fraternité. Ils ne nous ont pas fait très-bon accueil : je ne sais pas si nous aurons plus à nous louer de Weert.

Cette petite ville est la patrie du fameux Jean de Weert, qui, de cordonnier, devint un grand Capitaine. Sa valeur le tira de l'obscurité, où sa naissance l'avoit plongé. C'est à la brutalité de son maître, qu'il dut sa fortune; indigné de s'en voir maltraité, il quitta l'alène pour prendre un sabre, et parvint, à force de mérite, à faire passer de mauvaises nuits à Louis XIII. Ce Général mourut à Prague, en 1655.

Seroit-ce l'ombre de Jean de Weert qui me poursuivroit ? Il faut partir. De la part du Bourguemestre, il est défendu à tout étranger de passer la nuit ici. Ce magistrat a un ministère bien dur, s'il ne lui est pas permis de laisser dormir les gens quelques heures dans sa ville.... Mais il est inutile de répliquer; l'ordre est clair et pressant... Quoiqu'il soit six heures du soir, il faut s'en aller, je ne sais où.

De Thorn, petite Principauté à l'extrémité Septentrionale du Diocèse de Liège,
20 Novembre.

CE n'est encore ici qu'une station; je ne me fixerai pas dans ce petit endroit. Ce n'est pas que je ne sois tout pénétré des bontés qu'on y a eues pour nous, je dis pour nous; car outre Malfillatre, j'ai onze compagnons de voyage. Il y a ici un Chapitre de Dames nobles, dont l'Abbesse, qui porte le titre de Princesse, ne fut pas plutôt instruite de notre arrivée, qu'elle nous envoya des rafraîchissemens, et plusieurs d'entre nous ont trouvé un asyle chez des Chanoinesses. Dans ma position, il ne m'est pas permis de jouir d'un pareil avantage; j'ai besoin d'une existence libre pour soigner l'éducation de mon élève, et je chercherai fortune ailleurs.... Je ne fermerai ma lettre, que quand je cesserai d'errer au hazard, comme je fais aujourd'hui.

De Neer, sur la rive gauche de la Meuse, vis-à-vis Ruremonde, 30 Novembre.

IL y a quelques jours que je suis arrivé ici, non dans l'intention d'y rester, mais seulement pour mieux m'orienter. Il est vrai que je n'ai pas même la liberté du choix. Je crains de ne pouvoir pénétrer en Hollande, et les possessions de l'Autriche nous sont fermées, si j'en juge par ce qui nous est arrivé à Weert. Vous pouvez vous figurer mon embarras, d'autant plus que l'armée Françoise nous suit de près; déjà elle occupe Liège, et s'il faut en croire la rumeur publique, elle est au delà. C'est tout au plus, si je passe encore deux jours ici. Adieu....

P. S. Non pas dans deux jours, mais demain le matin, je suis contraint de déloger : les François tombent sur mes derrières.... Heureux ceux qui sont à Varsovie!

―――――――――

De Saint-Antoine, 20 *Décembre.*

JE n'ose vous dire encore que je suis fixé; mon repos est tout-à-fait précaire, et il a déjà été troublé. Cependant, je ne céderai qu'à la force ; et je me trouve si bien ici, que l'impossibilité seule d'y rester me déterminera à en sortir. Vous vous imaginez peut-être que je suis dans une grande ville, que je fréquente une société nombreuse et distinguée, que je suis entouré de fêtes et d'amusements bruyants, point du tout. Si c'est-là l'idée que vous vous êtes formée, prenez le contrepied, et vous aurez la vérité. Je suis au village, dans la solitude, réduit à la compagnie de quelques personnes, quelquefois seule ; et afin de mettre, tout d'un coup, votre surprise à son comble, j'ajoute que je suis content et ne désire rien de plus. Ce paradoxe n'en est plus un pour quiconque sait que le bonheur peut exister hors du grand monde, et vous avez l'esprit trop bon et le sens trop droit, pour ne pas convenir qu'une vie retirée peut aussi faire des heureux.

> « On penseroit qu'en lieu pareil
> » Il n'est point d'instant délectable
> » Que dans les heures du sommeil.
> » Pour moi, qui, d'un poids équitable,
> » Ai pesé des foibles mortels
> » Et les biens et les maux réels,
> » *Je sais qu'un bonheur véritable*
> » *Ne dépendit jamais des lieux ;*
> » Que le palais le plus pompeux
> » Souvent renferme un misérable ;
> » Et qu'un désert peut être aimable
> » Pour quiconque sait être heureux.
>
> GRESSET.

En quittant le pays de Kessel, je me suis trouvé dans le petit Comté de Boxmer. Le mot de *petit* n'est pas de trop ici ; car ce Comté ne contient que le bourg de Boxmer et le village de Saint-Antoine. Le Pays est neutre : cette considération à laquelle j'attachois beaucoup de prix, m'inspira une forte envie

de m'y arrêter, pour peu que les obstacles ne fussent pas insurmontables. La Providence y avoit pourvu, en applanissant toute difficulté ; ses soins avoient devancé mes pas et préparé mon asyle. Je me présentai chez le Curé de la Paroisse et lui demandai en latin, la seule langue qui nous fût commune, des renseignement sur le lieu où j'arrivois et sur la facilité d'y demeurer. A la réserve avec laquelle il me répondit, je devinai que le bon Pasteur souhaitoit connoître plus particulièrement ceux qui vouloient se mêler avec ses ouailles, et je lui fis lire tout ce qui pouvoit le mettre au fait de notre personnel. Ce fut alors que me prenant par une main et Malfillatre par l'autre, il nous conduisit dans un appartement aussi simple qu'il étoit agréable, en nous disant : *Jàm non estis hospites et advence.* *
Il nous défendit de chercher un autre domicile que celui qu'il nous offroit. En regardant ce brave homme, il me sembloit voir la bonté personnifiée. Bientôt, je m'apperçus qu'il n'étoit pas

---

* Ne vous regardez plus comme des voyageurs et des étrangers.

l'unique dans son espèce. Le Chapelain de la Paroisse apprit qu'il étoit arrivé deux Ecclésiastiques François; (Malfillatre en effet porte aussi ce titre comme Diacot de l'ordre de Malthe) il accourt à la maison presbytérale, et déclare qu'il ne veut retourner chez lui, qu'accompagné de l'un de nous. Je lui abandonnai sans résistance mon jeune élève, qui jouit dès lors des mêmes douceurs chez ce Chapelain que moi chez le Curé. Nos bienfaiteurs ont un défaut que je ne leur passe pas, tout excusable qu'il soit; c'est de toujours craindre de ne pas assez faire pour nous. La proximité des deux maisons où nous vivons, Malfillatre et moi, nous a donné la facilité de reprendre le cours de ses études, une partie de notre bibliothèque nous ayant suivie.

Vous savez que le Général Custines est entré dans Mayence, le 21 Octobre; Liège, Maseyck et Ruremonde sont occupées par les troupes Françoises : ainsi le pays entre le Rhin et la Meuse est ouvert à leurs incursions, et elles viennent de les pousser jusqu'à Geneppe.

Voulez-vous connoître la position de l'endroit que j'habite ? La voici. Le Comté de Boxmer a au Midi le pays de Kessel, qui fait partie de la Gueldre Prussienne; la Meuse le termine au Levant; au Couchant et au Nord, il est borné par le pays de Cuick, dont la principale ville est Grave. Pierre de Culembourg, ancien Seigneur de Boxmer, céda ce fief aux Ducs de Brabant: il passa ensuite aux Comtes de S'heerenberg, dont le dernier étant mort, en 1701, sans postérité, ses domaines échûrent à la maison de Hohenzollern-Sigmaringen.

Je ferme enfin ma lettre, commencée depuis un mois. Les détails qu'elle contient offrent bien peu d'intérêt, mais vous prouvent combien il est difficile de trouver un abri, quand une fois on est à la merci de la tempête des évènements.

DU MEME AU MEME.

De Clèves, 20 Mars 1793.

« Lorsqu'un pressant danger nous condamne à la fuite,
» Insensé qui l'attend, et sage qui l'évite.... :
Traduction de l'Iliade. Liv. 14.

ME voici de nouveau sans feu, ni lieu. J'ai été obligé de quitter l'hermitage de Saint-Antoine; vous allez savoir pourquoi. Les Hollandois ayant permis à la Prusse de jetter une garnison dans Venlo, les François prirent cette démarche pour un commencement d'hostilité, et franchirent les frontières des Provinces-Unies.

L'activité de leur armée tient du prodige. Les troubles qui agitent l'intérieur, la division qui s'est glissée même parmi ceux qui gouvernent, la mort plus que tragique de Louis XVI, qui périt sur un échafaud le 21 Janvier, le choc des opinions, à qui elle donna plus de violence; à ces causes morales, ajoutez, si vous voulez, les rigueurs de l'hyver, qui ordinairement enchaînent les bras des soldats, rien de tout cela pourtant n'a influé sur les opérations militaires de la campagne actuelle. Bréda a ouvert ses portes, le mois passé, à Dumourier; Villemstad et Mastricht étoient assiégées, quand j'ai abandonné le pays de Cuick, et toute la Hollande étoit menacée.

J'étois encore à mon poste, le 2 du courant, malgré les patrouilles fréquentes qui poussoient jusqu'à Saint-Antoine, quand tout-à-coup il y arriva un Régiment entier. Je me repentis d'avoir attendu si tard à céder la place aux nouveaux venus : il s'agissoit de réparer cette faute par une fuite prompte et adroite, et j'allai trouver Malfillatre pour aviser aux moyens de nous tirer d'embarras. Au moment où nous sortions ensemble de chez lui, nous entendîmes le bruit d'un tambour qui s'approchoit ; et quelqu'un nous ayant avertis que nous allions donner de front dans un bataillon de Républicains, nous nous jettâmes à travers des broussailles et des épines dans un jardin qui bordoit le chemin. En nous enfonçant un peu, nous nous trouvâmes entre deux hayes fort hautes et assez touffues ; nous nous y blottîmes et nous y restâmes, sans mot dire, tout le temps que les François mirent à défiler. Je pensai ensuite à quitter ma retraite ; je sus si peu comment j'y étois entré, qu'il me fut impossible d'y reconnoître une issue, et je me vis obligé d'appeller quelqu'un, pour me donner une échelle. Ainsi, nous ne sortîmes de notre forteresse que par escalade.

Après avoir évacué heureusement Saint-Antoine, nous passâmes la Meuse, pour nous enfoncer dans le pays de Clèves. A peine y avions-nous fait quelques pas, qu'on nous conseilla de ne pas tant presser notre marche. L'armée Françoise, disoit-on, venoit d'être battue à Altenhoven par le Prince de Cobourg, qui commandoit les Impériaux, et probablement les deux sièges commencés alloient être levés, s'ils ne l'étoient pas déjà. Sans trop ajouter foi à une nouvelle qu'on donnoit pour certaine, nous allâmes en chercher la confirmation à Clèves, où nous la trouvâmes en effet. On nous apprit en outre, que Dumourier, qui avoit entamé la Hollande, s'étoit replié sur la Belgique, et qu'il ne s'y soutenoit pas même.

Je ne doutois pas que le pays de Cuick ne fût libre, mais il eût été imprudent de précipiter mon retour; car les François battus, pouvoient battre à leur tour, et recouvrer le terrain perdu. D'un autre côté, on ne pouvoit séjourner à Clèves que quarante-huit heures; il fallut donc, ne voulant pas s'éloigner, parcourir, à petites journées, les pays où nous nous trouvions, et mettre ainsi à profit la malignité des circonstances.

Nous voulûmes voir le Rhin, et nous le passâmes, précisément où il se sépare en deux branches, dont la plus méridionale prend le nom de Vahal. On nous montra le fort de Tolhuys, situé sur la branche appelée l'Issel, et vis-à-vis lequel, l'armée de Louis XIV exécuta, le 12 Juin 1672, ce fameux passage, si vanté par les écrivains du temps. Il me sembloit voir les François vainqueurs du Rhin, bravant le feu de Tolhuys, ainsi que les décharges de Wurtz, prendre possession de la rive opposée, et prouver qu'un grand fleuve est une foible barrière à leur valeur. La fortune, il est vrai, fut quelque temps incertaine ;

« Mais Louis, d'un regard, sait bientôt la fixer :
» Le Destin, à ses yeux, n'oseroit balancer.

L'imprudence du Duc de Longueville, dont des centaines de Hollandois furent victimes, lui coûta la vie à lui-même, et le grand Condé, son oncle, eut le poignet fracassé en cette occasion. L'armée Françoise entra dans le Bétau, et en chassa le Général Wurtz. La garnison de Tolhuys abandonna un poste, défendu autrefois par quatre soldats contre tous les efforts des Espagnols, et qui l'étoit alors par dix-sept. Boileau, achevant de chanter cette victoire mémorable, a pu dire :

« L'ennemi renversé fuit et gagne la plaine.
» Le Dieu lui-même cède au torrent qui l'entraine,
» Et seul, désespéré, pleurant ses vains efforts,
» Abandonne à Louis la victoire, et ses bords.
» Du fleuve, ainsi dompté, la déroute éclatante
» A Wurtz, jusqu'en son camp, va porter l'épouvante.

Epitre IV.

Nous touchions au Bétau, à la pointe duquel est le fort de Schenck, que ceux du pays appellent le *Schenckens-chans*. Son nom vient de *Martin Schenck*, qui le fit construire l'an 1586 par les ordres des Espagnols chez qui il s'étoit retiré, en quittant le service des Etats. Turenne le prit, le 18 Juin 1672, en huit jours d'attaque. La Place étoit pourtant défendue par cinquante compagnies; mais le Gouverneur étoit un jeune homme, qui se laissa intimider par le nom de Turenne et attendrir par les cris lamentables des femmes.

Après avoir promené nos regards et nos idées sur tous les objets qui nous environnoient, nous rabattîmes sur Emerick, où Condé, blessé à l'affaire de Tolhuys, alla se faire panser. Cette ville avoit présenté ses clefs au Roi, quelques jours avant le passage du Rhin. Cette Place et les autres dont les François s'emparoient entre la Meuse et le Rhin, appartenoient à l'Electeur de Brandebourg, mais étoient sous la protection des Hollandois, contre lesquels on combattoit.

Des idées de la guerre, je passai à celles de la Religion. J'avois déjà entendu parler du pélerinage de *Kevelaer*, petite ville de la Gueldre Prussienne, et je voulois voir l'image de la Sainte-Vierge, objet d'une dévotion presque générale. Nous fîmes donc ce petit voyage, et nous descendîmes chez les Pères de l'Oratoire; ils nous conduisirent à l'endroit qui renferme l'image miraculeuse. Elle n'est que de papier, et a été apportée dans ce lieu du pays de Luxembourg, en 1643.... On a souvent compté jusqu'à dix-huit mille pélerins dans une seule année. Chaque Confrèrie a dans l'église de Kevelaer son cierge particulier, et le Roi de Prusse même y a le sien : on nous l'a montré, comme un monument de la liberté et de la protection, que le Souverain accorde à ce pélerinage.

Clèves, où je me trouve pour la seconde fois, est bâtie en forme d'entonnoir, et quand on est dans son centre, on ne peut en sortir que par des rues dont la pente est très roide : cet inconvénient est racheté par la beauté de la construction. La ville compte cinq mille habitants, et les trois Religions Luthérienne, Réformée et Catholique y sont tolérées. Ce fut à Sleus-Meuse, près d'ici, qu'en 1740 Voltaire eut une entrevue avec Frédéric II, Roi de Prusse.

D'après des nouvelles que je viens de recevoir, il n'est plus douteux que les François n'ayent évacué la Belgique. Cobourg l'a reconquise ; le Prince Charles combât sous ses ordres, et on prétend qu'il sera désormais Gouverneur des Pays-bas. Je vais retourner dans ma solitude de Saint-Antoine, où l'on m'attend incessamment. Ma fuite m'a valu le plaisir de voir le Bas-Rhin et ses environs.

LETTRE DE M.r ANOT

a M.r Sorgel, a Huy.

De Saint-Antoine, 10 Avril 1793.

Votre dernière m'a fait le plus grand plaisir ; elle dissipe les inquiétudes dont je ne pouvois me défendre sur votre situation. Ce que vous m'en dites, me rassûre ; au moins êtes-vous tranquille aujourd'hui, et c'est beaucoup.

De retour de mon voyage dans le pays de Clèves, je suis sur le point d'en entreprendre un autre; mais pour cette fois, il n'est pas forcé. Je ne m'y détermine que par le désir de voir la Hollande, et d'aller étudier ce pays singulier sur le pays même. Les parents de mon élève sont aussi de cet avis ; ils sont persuadés que les voyages sont très-utiles pour former un jeune homme.

Ce qui se passe aux frontières du Hainaut est à peine croyable. Quoi ! Un Général, qui livre aux ennemis des Commissaires chargés de lui demander compte de sa conduite, et qui lui-même est obligé de se jetter dans le parti contre lequel il a encore les armes à la main ! Quoiqu'il en soit, je ne veux m'occuper que sobrement des évènements, puisqu'ils trompent tous les calculs.

Je ne pense qu'à mon voyage de Hollande, et la première lettre que vous recevrez de moi, sera datée d'Amsterdam.

DU MEME AU MEME.

D'Amsterdam, 25 Avril 1793.

JE suis homme de parole, et je vous écris de la Capitale de la Hollande ; je ne saurois attendre que mon voyage soit terminé, pour vous en rendre compte, et il me tarde de vous en communiquer jusqu'aux moindres particularités.

De Saint-Antoine, j'allai à Cathuich, pour y passer la Meuse. Quel fut mon étonnement, de voir les rives occupées par un corps considérable d'Hanovriens ! Ils venoient se joindre à l'armée alliée.

Je savois bien que l'Angleterre étoit entrée dans la Coalition et que le Duc d'Yorck devoit commander les troupes qu'elle envoyoit sur le Continent; mais j'ignorois que les Hanovriens fussent si avancés. Ces guerriers du Nord paroissoient s'acheminer gaiement vers le théâtre des combats. A quelque distance de là, nous vîmes les plaines de Mook, où le Général Espagnol d'Avila vainquit les Confédérés, en 1573. Le fondateur de la République de Hollande y perdit ses deux frères, Louis et Henri.

La situation de Nimègue, sur le Wahal, seconde l'industrie de ses habitants. Cette ville, fort ancienne, connue des Latins, sous le nom de *Noviomagum*, ou *Neomagum*, est assez peuplée et assez grande. Le Duc de Parme s'en étoit emparé sur les Etats, mais le Stadhouder Maurice la réunit à la Hollande, en 1591. Elle en fut détachée, lors de l'expédition de Louis XIV; Turenne la bombarda en 1672 et la prit après six jours de tranchée ouverte: elle resta sous la domination Françoise jusqu'en 1678, qu'elle fut rendue aux Provinces-Unies, avec les autres conquêtes, en vertu du Traité qu'on y signa. Les Plénipotentiaires François étoient le Maréchal d'Estrades, J.-B. Colbert et le Comte d'Avaux. La Paix de Nimègue régla les intérêts de la France avec la Hollande et l'Espagne en 1678, et l'année suivante, avec l'Empereur, l'Electeur de Brandebourg, la Suède et le Danemarck.

Cette ville a un bon nombre de belles rues et d'édifices élégamment construits, entr'autres la Maison-de-ville, où les ornemens ne sont pas épargnés. A une des extrémités de Nimègue, s'ouvre une vaste esplanade, terminée par un *Belvedere*, d'où l'on plonge dans les campagnes voisines. Ce fut dans ses murs, que naquit le célèbre Jésuite *Canisius*, qui s'est trouvé au Concile de Trente et fut le premier Provincial de son Ordre en Allemagne; ce savant mourut en 1597, avec la douleur de voir sa patrie hors du sein de l'Eglise Romaine, et elle n'y est jamais rentrée depuis. Cependant, Nimègue a un très-grand nombre de Catholiques, mais tolérés seulement, exclus des emplois civils, et généralement assez pauvres. J'ai vu une de leurs églises; son extérieur ne la distingue pas des maisons d'à côté. Ceci tient à une loi de l'Etat : toute église, à l'usage de la Communion

Romaine, est construite, m'a-t-on dit, d'après une ordonnance du Gouvernement, qui en prescrit et la forme et l'étendue.

Satisfait de la première ville de Hollande que je voyois, je me hâtai de me rendre dans les autres, que je savois être encore plus curieuses. Après avoir passé le Vahal sur un pont-volant, nous trouvâmes, à l'autre bord, la diligence d'Utrecht. Quelle voiture! Quelles secousses elle fait souffrir sur le plus beau chemin du monde! Nous étions tout meurtris, en arrivant à Utrecht.

On suppose que cette ville a été bâtie sous Néron, par le Sénateur Antoine, d'où elle eut le nom d'*Antonina Civitas*; mais elle fut plus connue sous celui de *Ultrajectum*, qu'on lui donna, parce qu'on y passoit le Rhin, et dont ensuite, on a fait *Utrecht*. Des Romains, elle passa aux Frisons, puis à Pépin, Maire du Palais. Son premier Evêque fut Saint-Wilbrod, et Paul IV, en 1559, fit de cette Eglise une Métropole. Le Dôme, ou la Cathédrale, fut construit par Dagobert I. Un ouragan des plus furieux, le premier Aoust 1674, ébranla le corps de la Nef, et le renversa de fond en comble, sans faire aucun dommage, ni à la tour, ni aux bras de la croix de l'Eglise, qui subsistent encore dans leur entier. De cette tour, qui a trois cent quatre-vingt-huit pieds de haut, on découvre jusqu'à seize villes.

Ce n'étoit pas assez pour les Jansénistes d'avoir causé tant de troubles en France; il falloit encore qu'ils allassent mettre la division entre les Catholiques de Hollande. Dominique-Marie Varlet, Evêque titulaire de Babylone, accueilli à Utrecht par le parti de Quesnel, qui y avoit jetté quelques racines, dès l'an 1718, imposa les mains à Corneille Steenhoven. Cette ordination, source d'un schisme fatal, se fit à Amsterdam. Steenhoven se porta pour Archevêque d'Utrecht : Harlem eut son Evêque, ainsi que Deventer. Envain Benoît XIII déclara-t-il, par une Bulle de 1729, ces élections et consécrations *Schismatiques* et *exécrables*; envain les anciennes censures ont-elles été renouvellées par le Pape actuel Pie VI, le parti de Jansenius n'en subsista pas moins. Il est maintenant fort affoibli, et de sept paroisses qu'il comptoit à Utrecht, il ne lui en reste plus qu'une.

Utrecht ouvrit ses portes à Louis XIV

en 1672, la Gueldre, l'Over-Yssel et une partie de la Hollande furent conquises dans l'espace d'un mois; ce qui donna lieu à ce dystique:

« Una dies Lotharos, Burgundos hebdomas una,
» Una domat Batavos luna; quid annus erit?

La même année, le Cardinal de Bouillon, Grand-Aumônier de France, ayant réconcilié et béni la Cathédrale, y chanta la messe et le *Te Deum*; mais les Réformés y rentrèrent quelques mois après.

Cette ville, déjà remarquable par le Traité-d'Union des Provinces de Hollande en 1579, devint plus célèbre encore par le Congrès nombreux qui s'y tint, et dans lequel la paix d'Europe fut conclue le 11 Avril 1713. Les Négociateurs de la France étoient le Marquis d'Huxelles, l'abbé de Polignac fait Cardinal pendant les Conférences, et M.r Ménager Conseiller et Sécrétaire du Roi.

Les curieux ne manquent pas de voir la place Saint-Jean, le Cours, appellé le *Mail*, long de onze cent cinquante pas, et le Théâtre anatomique, où l'on conserve, entr'autres singularités, un

Canot avec un petit Esquimaux, dans l'attitude qu'il avoit au moment qu'il fut pris au détroit de Davis. Ses dents, ses cheveux, son bonnet subsistent encore. Quand cet infortuné se vit en des mains étrangères, il ne voulut plus manger et mourut.

Utrecht est la patrie d'Adrien VI, nommé auparavant *Adrien Florent*, né en 1459, de parents obscurs et pauvres, qui pourtant lui donnèrent une éducation distinguée. On le tira de l'Université de Louvain, dont il étoit devenu Vice-Chancelier, pour le faire Gouverneur de l'Archiduc Charles, alors âgé de sept ans. Il montra dans la suite de grands talents dans les négociations dont il fut chargé, partagea la Régence de l'Espagne avec Ximenès, et succéda enfin à Léon X sur la chaire de Saint-Pierre.

Anne-Marie Schurman fit beaucoup d'honneur à Utrecht, où elle séjourna long-temps, par sa vaste érudition. Elle savoit l'Hébreu, le Syriaque, le Chaldaïque, le Grec, le Latin, l'Italien, l'Espagnol et le François. A cette connoissance des Langues, elle joignit le talent de la peinture et de la gravure, et la fameuse Christine de Suède alla

admirer

admirer ses chefs-d'œuvre. Cette fille extraordinaire mourut en Frise, l'an 1678.

J'étois trop dégoûté de la diligence, pour m'exposer de nouveau à être roué, comme je l'avois été ; d'ailleurs, je ne sais si j'eusse pu en trouver. On ne voyage généralement que par eau ; des barques partent d'une ville à l'autre à des heures réglées, et le nombre en est prodigieux. D'Utrecht par exemple, on peut s'embarquer pour quarante-huit villes, et revenir de trente-trois le même jour. Le prix est modique. La Barque est divisée en deux Chambres : la plus commode peut contenir huit personnes ; et un voyageur, en donnant quelque chose au-delà de la taxe, a le droit de louer toute cette place pour lui seul. Il est très difficile à un étranger d'être admis dans le *Rouff* ; c'est ainsi qu'on nomme cet appartement privilégié. Il se voit donc relégué impitoyablement dans la chambre commune, où il est impossible de se tenir debout ; et où l'on risque d'être étouffé par des tourbillons de fumée de tabac.

C'est partout que les voitures publiques sont une école, où il est aisé de saisir les traits les plus marqués du caractère d'une Nation. Dans nos diligences de France, la conversation roule sur le Souverain, les Seigneurs de la Cour, le Théâtre, les sociétés et les avantures galantes; car on en revient toujours là. En Hollande, vous n'entendrez pas parler du Stadhouder : dans les barques, comme au Café, il s'agira d'un emprunt d'argent, d'une vente, de tout ce qui peut intéresser le commerce. Qu'on vous soupçonne un marchand, ou que vous demandiez, en entrant, s'il n'y a rien de nouveau, on vous annoncera l'arrivée de deux vaisseaux au Texel; l'un vient de Surinam, l'autre de Nangasaki. Si on vous connoît pour étranger, le Hollandois n'a pour vous que son flegme : il vous paroît froid. Ne vous rebutez pas, et entrez en conversation avec lui; vous le trouverez poli sans affectation, libre sans grossièreté. Il s'accommode à tous vos discours; mais ne lui parlez pas de votre naissance, il la méprise : ni de votre Opéra, il lui est inconnu; encore moins d'intrigues mystérieuses, il s'en moque; et il a raison.

Le canal qui mène d'Utrecht à Amsterdam, est bordé, dans la longueur de huit à neuf lieues, d'une double suite de maisons de plaisance et de jardins admirablement entretenus. Cependant, il faut tout dire : la plaine, au milieu de laquelle s'élève Amsterdam, a l'air d'un marais encore inondé des pluies de l'hyver. L'eau y croupira encore long-temps. Il faut que les grands vents, qu'une triste nécessité rend ici très-fréquents, dessèchent, dans la belle saison, ces terrains fangeux ; et malheureusement, ils n'emportent l'humidité, qu'en la faisant passer, en grande partie, dans les membres des habitants, qui ne vieillissent guères sans rhumatisme. Pour hâter les services des vents, on a imaginé des espèces de moulins, dont le jeu, rapide et aisé, fait rentrer les eaux stagnantes dans les canaux.

Un étranger doit être sur ses gardes, en arrivant à Amsterdam, pour ne pas être ramassé par les *Vendeurs d'âmes*; c'est la traduction du mot *Zeelenverkopers*. Ce sont des recruteurs pour la Compagnie des Indes. Au sortir de la barque, nous fumes entourés d'une foule de gens, dont la mine sinistre permettoit la défiance ; tous s'offroient de nous accompagner et de nous loger. La manière dont nous accueillîmes leur zèle, les découragea, à l'exception d'un seul, qui s'opiniâtra à nous suivre, malgré qu'on le repoussât assez durement. Nous avions déjà fait beaucoup de chemin, en tout sens, dans la ville, que nous n'en étions pas encore débarrassés. Enfin il nous abandonna : sûrement, je serois bien aise de voir Batavia, mais non pas comme soldat, ou matelot.

Curieux d'aller faire un tour au port, à peine descendu à l'auberge, je demandai un guide pour m'y conduire. Il faisoit, à la vérité, assez mauvais temps, et notre hôte ne put jamais comprendre comment nous ne perdions pas un jour à nous reposer, avant de sortir : aussi mit-il tant de lenteur à nous satisfaire, que perdant patience, nous résolûmes de nous suffire à nous-même; nous arrivâmes à l'Y, c'est-à-dire, à ce prolongement du Zuider-zee sur lequel est bâtie Amsterdam, et dont il forme le port. Une forêt de mats, un amas de navires de toute grandeur, des équipages de différentes Nations, ce tableau mouvant et varié est plus aisé à admirer qu'à décrire.

Après avoir contenté le besoin du moment, car la curiosité en est réellement un, j'allai trouver une personne à laquelle nous étions adressés, et qui se chargea de diriger nos observations.

On diroit que les quatre parties du Monde se sont épuisées pour enrichir et décorer la Capitale de la Hollande; elle tire son nom du mot *Dam*, qui signifie digue, et de la petite rivière d'Amstel, qui la traverse et va se jetter dans l'Y. Son enceinte de quatre lieues renferme trois cent mille habitants. Parmi les canaux bordés de tilleuls, le plus beau est l'*Ammarack*, et le pont le plus élégant, est le Pont-neuf jetté sur ce canal; la perspective y est charmante.

L'Hôtel-de-ville passe pour le plus magnifique de l'Univers. La première pierre en fut posée l'an 1648; il est soutenu par quatorze mille pilotis, a deux cent quatre-vingt-deux pieds de face et ses côtés presqu'autant : ce bel édifice a coûté trois millions de florins. Le frontispice est orné de trois statues de bronze qui portent les emblêmes de la Justice, de la Force et de l'Abondance.... L'intérieur répond à la magnificence du dehors : on voit dans la grande salle deux demi-globes terrestres et un demi-globe céleste, dont chacun a vingt-deux pieds de diamètre; la matière est de marbre blanc et noir, de jaspe et de cuivre.

A quelque distance, est la *Bourse*, ornée de superbes galeries et d'un grand nombre de colonnes ; chacun de ces piliers porte son numero avec le nom d'une contrée, et on y affiche celui des Capitaines qui doivent y faire bientôt un voyage. Un Négociant nous conduisit à la Bourse, et nous perçâmes une foule très-serrée, au milieu de laquelle il s'arrêta. C'étoit son poste, et quiconque avoit à traiter avec lui savoit l'y trouver. Les marchands se rassemblent en cet endroit depuis une heure jusqu'à trois ; et dans ce court espace de temps, il se fait quelquefois pour deux cent millions d'affaires, sans qu'on sorte un sol de sa poche. C'est que tout payement considérable ne peut se faire qu'en banque ; et il est rare que celui en faveur de qui on tire une somme aille recevoir son argent, il donne le même billet à un autre commerçant. Ce revirement continuel de parties entre les marchands épargne la peine de compter les espèces, les frais de transport et les craintes d'être volé. La ville répond des deniers déposés à la banque, et cette caution soutient le crédit immense dont elle a toujours joui depuis sa fondation, qu'on rapporte à l'an 1609. La place qui renferme ce trésor, est une voûte trèsvaste, sous la Maison-de-ville, dont les portes sont garnies de toutes les sûretés nécessaires pour ce précieux dépôt, le plus grand de tous ceux qui sont connus. Il n'y a que les Bourguemestres qui en ayent la direction, et les caves ne peuvent être ouvertes qu'en leur présence; de sorte qu'aucun particulier ne sait précisément la valeur effective des richesses qui y sont contenues.

Le commerce est l'âme de ce pays. La Hollande luttoit encore contre les Espagnols, que déjà la Compagnie des Indes-Orientales étoit établie; elle reçut son octroi des Etats-Généraux en 1602, et celle des Indes-Occidentales dix-neuf ans après. La première débuta par enlever aux Portugais Amboine et les Moluques.... La prise de Jacatra, dans l'isle de Java, eut lieu en 1619, et on y vit, à l'extrémité de l'Asie, s'élever une seconde Amsterdam, sous le nom de Batavia. Avant la fin du même siècle, le cap de Bonne-Espérance, arraché aussi à ceux qui l'avoient découvert, devint une place très-importante entre les mains des Hollandois.

Dans l'Eglise-neuve, qui passe pour un des plus beaux édifices des Pays-bas, est le tombeau de l'Amiral Ruyter, né à Flessingue, et qui perdit la vie, l'an 1675, devant Agosta, en combattant contre Duquesne, autre héros de fortune. L'éloge le plus flatteur de ce grand homme sortit de la bouche de son rival, qui, s'appercevant d'un changement de manœuvre dans le Vaisseau-Amiral, dit, en tirant sa montre : *Ruyter est mort.*

Delà, nous allâmes voir le *Pampus*; c'est l'entrée du Zuider-zee, de cette mer qui doit son existence à une inondation du troisième siècle. Celle qui sépara la Flandre de la Zélande, arriva en 1377 ; mais la plus désastreuse, est celle de 1421, qui engloutit soixante-douze villages aux environs de Dordrecht. Ce fléau s'est renouvellé en 1530, 1532 et 1682.

Je n'avois jamais eu qu'une idée bien confuse des digues. On seroit tenté de les prendre pour des collines, si l'on ne faisoit attention à leur longueur et à leur largeur. Leur entretien coûte, dit-on, au Gouvernement autant qu'une armée de quarante mille hommes. Les Provinces qui ont le plus besoin de ces remparts contre la mer, sont celles de Hollande, de Zélande, de Groningue et de Frise.

« . . . . Voyez le Batave
» Donner un frein puissant à l'Océan esclave.
» Là le chêne, en son sein fixé profondément,
» Présente une barrière au fougueux élément.
» S'il n'a plus ses rameaux et ses pompeux feuillages
» Qui paroient le printemps et bravoient les orages,
» Sa tige dans les mers soutient d'autres assauts
» Et brise fièrement la colère des eaux.
» Là, d'un long mur de joncs l'ondoyante souplesse,
» Puissante par leur art, forte par sa foiblesse,
» Sur le bord, qu'il menace, attend le flot grondant,
» Trompe sa vigilance et résiste en cédant.
» Delà ce sol conquis et ces plaines fécondes,
» Que la terre étonnée a vu sortir des ondes ;
» Ces champs pleins de troupeaux, ces prés enfants de l'art !
» Le long des flots bruyants qui battent ce rempart,
» Le voyageur surpris, au-dessus de sa tête,
» Entend gronder la vague et rugir la tempête ;
» Et dans ce sol heureux, à force de tourment,
» La nature est tout art, l'art tout enchantement.

DELILLE.

Il ne faut pas croire que ce soit seulement contre l'Océan qu'on ait été obligé de se mettre en garde; les rivières ne sont pas moins redoutables, et les grandes digues dans l'intérieur sont celles de la Meuse, de l'Yssel, de Sparendam et Medenblick.

Nous voulûmes faire un voyage sur mer. Voilà un grand mot, pour exprimer bien peu de chose; car tout se réduisoit à passer l'Y, et le trajet n'est que de trois lieues. Mon principal motif étoit le désir de voir le beau village de Sardam, où le Czar Pierre-le-Grand donna l'exemple d'un Souverain confondu avec les ouvriers, sous le nom de *Peter-bas*, que nous rendons par celui de *Maître-Pierre*. On nous montra la chaumière qu'il habitoit, et le lit où il se reposoit du travail de la journée. Ce Prince avoit sûrement choisi la plus humble des demeures; mais le séjour qu'il y fit lui prête un intérêt qu'elle ne tireroit pas des plus riches embellissemens. Les Etrangers qui la visitent, n'oublient pas de mettre leur nom sur un livre où l'on voit inscrits tous ceux qui sont venus rendre hommage à la mémoire de ce créateur de sa propre Nation.

Sardam offre un tableau unique dans son genre, et on ne peut guères entreprendre d'en faire une description sans être accusé de prêter des charmes à la vérité. Les maisons sont peintes et aussi brillantes que le lambris d'un appartement bien soigné; tout, jusqu'aux toits, est reluisant et paroît neuf. L'intérieur de l'habitation est aussi étonnant. On ne foule qu'en craignant de le ternir, un pavé de pierres polies, disposées en carreaux égaux.... Dans la belle pièce, il y a une grande armoire avec des battants en glaces, à travers desquelles on voit de charmantes porcelaines et une argenterie d'un éclat si vif, qu'elle semble sortir des mains de l'ouvrier.

Les habitants de Sardam, pour qui ce village est l'Univers, font grand cas de leur simplicité et de leur état de paysans. Ils mènent une vie frugale: embellir leur maison, est le plus grand plaisir qu'ils connoissent; vivre unis et paisibles, est le bonheur qu'ils apprécient. Tout chez eux enchante les yeux; nul objet désagréable ne les choque. Cet endroit est environné de huit cents moulins, destinés à divers usages, dont la construction est si ingénieuse, qu'on a dit qu'ici les machines travailloient comme des hommes, et les hommes comme des machines.

La vue se perd près delà dans d'immenses prairies :

« Ici des prés fleuris, paissant l'herbe abondante,
» La vache goûte en paix sa mamelle pendante.

DELILLE.

En général la Hollande n'est qu'un vaste pâturage ; aussi le fromage, le beurre, le lait sont-ils la nourriture la plus ordinaire des sobres habitants.

Ce que j'ai dit de la propreté singulière de Sardam, peut s'appliquer, sans beaucoup en rabattre, à tous les Bataves. Le récit de certains étrangers sent trop l'exagération pour être véritable; mais au moins est-il certain que cette vertu est portée dans ce pays à l'excès, et que les Hollandois s'en sont rendus esclaves. Une servante ne voudroit pas d'un maître, qui, le samedi de chaque semaine, n'auroit pas la complaisance de lui abandonner tous les appartements, afin de pouvoir y faire couler des torrents. Perron, fenêtres, escaliers, meubles de bois et de métal, tout passe par ce déluge ; et malheur à l'étourdi qui viendroit salir le parquet !

La variété des sites manque totalement

dans ces contrées; le premier pré que vous rencontrez, vous pouvez le prendre pour le modèle de toute la campagne : on a donc dit avec raison, que la Hollande se ressembloit, mais aussi qu'elle ne ressembloit qu'a elle-même.

Je ne vois pas à Amsterdam ce luxe d'équipages qui rend les villes Capitales si bruyantes. Le Hollandois consacre ses richesses à créer d'autres richesses; il ne cherche pas à sortir de son état, qu'il estime, et ne connoît pas l'ambition. On l'accuse d'y avoir substitué l'avarice; peut-être a-t-on voulu dire l'économie.

Demain, je continue mon voyage par Harlem et Leyde; dans moins de quinze jours, vous recevrez de mes nouvelles.

DU MEME AU MEME.

De la Haye, 8 Mai 1793.

JE me repose de mes courses, en vous en rendant compte; et lorsque je vous décris les objets qui m'ont frappé, je renouvelle le plaisir de les avoir vus. Le premier, qui fixa mon attention, au sortir d'Amsterdam, fut la mer de Harlem. C'est une inondation, entre cette ville, dont elle porte le nom, et celle que je venois de quitter. Elle communique à l'Y, par le moyen d'une écluse de maçonnerie qu'on dit être la plus belle du monde; et on ajoute, que la crainte d'inonder la Capitale empêche qu'on ne dessèche cette vaste étendue d'eau.

On admire à Harlem un orgue, dont les tuyaux sont d'une grosseur prodigieuse. Mais ce qui distingueroit bien plus cette ville, si elle pouvoit apporter des preuves incontestables, ce seroit l'invention de *l'Imprimerie*, qu'elle attribue à un de ses habitants, Laurent Coster. On voit sa maison sur le Marché, avec cette inscription, en lettres d'or.

» MEMORIÆ SACRUM.

» TYPOGRAPHIA, ARS ARTIUM OMNIUM CONSERVATRIX,

» HIC PRIMUM INVENTA, CIRCA ANNUM 1440.

Sans faire tort à la ville de Mayence et à celle de Strasbourg, on peut au moins assûrer que Coster avoit gravé des caractères sur des planches de bois, et inventé une encre plus épaisse et plus gluante que celle dont on se sert pour écrire. Ces caractères contenoient des discours entiers, et on les conserve dans la Maison-de-ville avec le premier de tous les livres qui aient été imprimés sur ces planches. Il est sous une enveloppe de soie, dans un coffre d'argent, et a pour titre : *Den spiegel van onse saligheyt*, (le miroir de notre salut).

Il n'y a pas de Nation, où le goût de posséder quelque collection de pièces curieuses soit si général qu'en Hollande; c'est ce qu'on y appelle la *Liefhebbery*. la passion des fleurs est la dominante, au moins à Harlem, où sont les plus beaux jardins. Le catalogue contient les noms de plus de six mille oignons de différentes espèces de fleurs ; chaque genre est distingué par le nom de quelque personnage illustre, et on sait que les titres d'Empereur et de Roi sont pour les classes les moins estimées : c'est une petite méchanceté, mais les Hollandois sont Républicains. Ils donnent la préférence à la Tulipe sur les autres fleurs; on cite un encan où cent vingt tulipes furent achetées deux cent mille livres, et les registres d'Alcmaer en font foi.

Leyde, plus ancienne que Harlem, est désignée par Ptolomée sous le nom de *Lugdunum Batavorum*; c'est après Amsterdam la ville la plus peuplée de la Hollande. Son Université, fondée en 1565 par le Prince d'Orange, n'a pas peu contribué à son illustration, et quantité d'hommes célèbres dans la République des lettres s'y sont rendus pour la faire fleurir. Quel savant fit plus d'honneur à son pays que Boerhave, dont les élèves sont devenus les médecins des Nations? Sa gloire pénétra, dès son vivant, en Chine, et un Mandarin étoit si convaincu de l'idée que personne ne pouvoit ignorer sa demeure, qu'en lui écrivant, il mit pour toute adresse : *A Boerhave, en Europe.*

Mais si l'Académie de Leyde peut se féliciter d'avoir eu un Boerhave, elle a dû gémir de voir deux de ses Professeurs allumer dans son sein le feu d'une dispute qui mit toutes les Provinces-Unies en combustion. Ce fut vers l'an 1603 qu'Arminius et Gomar se divisèrent sur les matières de la *Prédestination*. En vain le Synode de Rotterdam ordonna-t-il à tous les Ministres de souscrire la Confession de foi dressée d'après les opinions du dernier de ces Théologiens, opiniâtrement attaché aux principes de Calvin. Les sectateurs d'Arminius y virent la bonté de Dieu blessée, et ils demandèrent au moins la tolérance, dans une requête intitulée : *Remontrances*, d'où leur est venu le nom de *Remontrants*. Leurs adversaires y opposèrent une autre requête, qui les fit appeller *Contreremontrants*. A ce mal, qui fatiguoit le corps de l'Etat, on ne crut pouvoir trouver de remède, que dans un Concile : il se tint, comme vous savez, à Dordrecht.

Sans doute, Leyde voudroit bien aussi n'avoir jamais compté parmi ses citoyens le fougueux et extravagant Bucholt, plus connu sous le nom de *Jean de Leyde*; cependant, on y conserve l'établi sur lequel travailloit ce prétendu Roi, quand il n'étoit encore que tailleur.

Les rues de Leyde sont extrêmement propres, larges, et arrosées par de beaux canaux. Le Rhin s'y divise en plusieurs bras, pour la traverser, et réunissant ensuite ses eaux, il va les perdre dans les sables qui ont ruiné son embouchure en 860.

Avant d'arriver à la Haye, on nous conseilla de prendre le *Ruban Orange*, et ce fut sous cette enseigne, que nous entrâmes dans le plus beau village de l'Europe, puisqu'on s'obstine à appeler *village*, ce qui, dans le vrai, mérite le nom de ville magnifique. C'étoit autrefois la résidence des Comtes de Hollande et elle fut nommée *S' Gravenhag, Haga Comitis.* L'éclat, où on la voit, vient de ce que Guillaume II, Seigneur de ce pays, élu et couronné Empereur en 1248, transportoit souvent son séjour à la Haye; il y commença le Palais qui est aujourd'hui la *Cour.* Toutes les rues sont tirées au cordeau, l'architecture est du meilleur goût, et on diroit que les édifices sont de l'année. Tout est brillant, et je croirois presque qu'il n'est pas permis d'avoir une laide maison à la Haye; au moins n'y en ai-je point apperçu. On y trouve sept Places publiques, qui sont de véritables promenades. La plus fréquentée est le *Voorhout*, (mot qui signifie l'entrée du bois); c'est un Cours en équerre, orné de plusieurs rangées d'arbres. Parmi les Canaux, on remarque le *Prins-Graft*, c'est-à-dire, le Canal du Prince, long de cinq cents pas et bordé de Palais somptueux.

D'après la magnificence qui frappe les yeux de tous côtés, on s'attendroit à devoir admirer la demeure du Stadhouder; rien pourtant n'est si éloigné du merveilleux, elle approche, au contraire, d'une excessive simplicité. Mais on veut étonner ici par les contrastes; on m'a fait remarquer combien étoit modeste et basse la porte par laquelle entrent leurs *Hautes Puissances*, quand elles s'assemblent, pour délibérer sur les objets les plus importants.

Toutes les beautés de la Hollande auroient perdu pour moi la moîtié de leur prix, si j'avois été condamné à terminer mon petit voyage, sans avoir joui du spectacle de la mer. Cet Océan, dont j'avois lu tant de descriptions, qui n'avoient pu m'en donner une idée capable de me contenter; cet élément, tantôt furieux, tantôt paisible; ces montagnes de vagues, qui roulent sur elles-même, s'entrechoquent, creusent un abyme sous le frêle vaisseau, qu'elles revomiront l'instant d'après avec furie; cette peinture, qui ne m'avoit paru qu'un jeu de l'imagination des poëtes, n'est cependant que l'expression de la vérité. C'est à Scheveliuge, que j'ai vu la mer. On y va par un chemin coupé à travers les Dunes, depuis la Haye, jusqu'à ce village : il est tiré en ligne droite et bordé de belles allées d'arbres, qui offrent une perspective à perte de vue. J'entendois de loin les mûgissements des ondes; j'accusois mes jambes de lenteur. Elles ne servoient pas assez promptement le désir qui me brûloit, de plonger mes regards dans cet immense amas d'eau. Enfin, j'arrivai. Ce spectacle imposant est un de ceux que les yeux seuls saisissent, et que la pensée ne peut atteindre; l'impression qu'il cause, s'affoiblit sous la plume et n'existe plus pour celui qui lit. . . . Je ne vous dirai donc que ce que disoit David : *Mirabilis in altis Dominus !* Oui, la mer est une de ces grandes merveilles du créateur.

« O Mer, terrible mer, quel homme à ton aspect.
» Ne se sent pas saisi de crainte et de respect !

DELILLE.

Cette fureur des flots vient se briser contre les sables de Schevelinge; mais ils n'ont pas toujours respecté cet endroit, et cent vingt maisons furent englouties en 1574. On conserve dans l'église le crâne d'une Baleine qui en 1617 échoua sur la côte.

Je ne puis passer par aucune ville de Hollande, qu'on ne me cite des savants qui y ont pris naissance. A la Haye, c'est, entr'autres, Huygens, fameux Astronome du dix-septième siècle, qui le premier apperçut un anneau et un troisième Satellite dans Saturne, rendit les vibrations de la pendule égales par la Cycloïde, perfectionna les Télescopes, et fit un grand nombre de découvertes utiles. C'est encore un Ruysch, célèbre Médecin et Anatomiste, mort en 1731. Pierre-le-Grand visita son cabinet et y baisa le cadavre d'un enfant aimable, qui sembloit lui sourire encore, tant ce Naturaliste possédoit bien l'art de conserver les corps morts.

Ce seroit donc démasquer son ignorance, que de croire la Hollande stérile en grands hommes : ils ne le cèdent en nombre à d'aucun autre pays, et les histoires écrites en Hollendois approchent de ce que notre langue a fourni de meilleur en ce genre. Je ne trouve pas, il est vrai, qu'on ait excellé ici dans la poësie ; au moins, ceux qui s'y sont appliqués n'ont-ils pas vu leur travail payé par une réputation brillante.

Je pense quitter la Haye ce soir.

Ailleurs, je serois obligé de calculer les jours de poste pour fixer mon départ; ici, il dépend de mon caprice; je sais qu'à chaque heure du jour une barque m'attend pour toutes les villes des environs.

―――――――――

DU MEME AU MEME.

De Grave, 18 Mai 1793.

ME voici à la fin de ma course. Je suis revenu aux frontières de la Hollande, et je ne veux pas en sortir sans vous parler des dernières villes, où je suis passé.

De la Haye à Delft, la distance est trop petite pour offrir rien de considérable; à moins qu'on n'aille saluer le château de Riswich. J'ai une prédilection pour tout endroit, où il a été conclu que le sang ne couleroit plus, et c'est à Riswich, qu'a été éteint l'incendie qu'avoit allumé la Ligue d'Ausbourg. Les Plénipotentiaires François étoient M. de Harlay, de Créci et de Caillières.

Si, après avoir vu trois ou quatre bicoques, on entroit dans Delft, on s'extâsieroit ; mais quand on y vient, en sortant de la Haye, où l'étonnement a été épuisé, cette douce impression, que le *Beau* doit produire, ne fait plus qu'effleurer l'âme. Diriez-vous que je suis presque fatigué de voir et d'admirer ?

Mon séjour à Delft n'a pas été long ; je me suis contenté d'aller visiter les monuments que je savois y être. C'est dans l'Eglise-neuve, qu'est le superbe Mausolée des Princes d'Orange. A quatre colonnes de marbre, sont adossées autant de figures de bronze, réprésentant les Vertus Cardinales : au milieu, est la statue du Fondateur de la République, et à ses pieds, celles du Prince Maurice et du Prince Frédéric-Henri, son fils.

Près du second canal, est la Grande-Eglise, qui renferme les cendres de Tromp. Sa statue, de marbre blanc, est couchée sur son tombeau. Cet Amiral, né à la Brille, se trouva à cinquante-quatre combats et périt en 1663, d'un coup de mousquet, en attaquant la Flotte Angloise, commandée par Black, près du Texel.

S'il falloit toujours en croire les inscriptions, la Justice n'auroit pas de demeure plus chérie que Delft. Voici ce qu'on lit sur l'Hôtel-de-ville :

« Hæc Domus odit, amat, punit, conservat, honorat,
» Nequitiam, pacem, crimina, jura, probos.

La seconde ville de la Hollande promettant bien des remarques, je me hâtai d'y arriver. La situation de Rotterdam sur la Meuse lui est favorable; cette rivière, qui, en cet endroit a près d'une demi-lieue de large, lui forme un port assez profond pour que les plus gros navires viennent charger jusqu'au milieu de la ville. Aussi, se fait-il plus d'embarquements à Rotterdam, d'où on peut cingler d'abord en pleine mer, qui n'en est éloignée que de six lieues, qu'à Amsterdam même.

La Bourse l'emporte en beauté sur celle de la Capitale et les Arsenaux, l'Hôtel-de-ville, les Maisons des Compagnies des Indes le disputent aux plus beaux édifices. J'avois toujours désiré pénétrer dans une Synagogue, et jusques-là, toutes les occasions m'avoient échappé. J'en fus dédommagé à Rotterdam, où je me trouvois précisément dans le temps que les Israëlites y
célébroient

célébroient une de leurs fêtes solemnelles. Leur culte est bruyant. Comment s'imaginer qu'on peut plaire à Dieu en effrayant les hommes? Leur exécrable musique ne m'a paru qu'un mélange confus de cris dissonants, et le respect seul, c'est-à-dire, le *respect humain*, m'a empêché de rire. Malgré ma réserve, je ne pus me soustraire à la censure; et pour avoir dit un mot assez bas à mon voisin, je me suis attiré l'animadversion d'un Juif, qui m'a rudement imposé silence. Sa semonce, quoique sévère, ne me déplut pas; en plaignant l'erreur de cet enfant de Moyse, j'estimai cet article de sa morale.

Je n'avois point attendu jusqu'à ce moment, pour aller voir la statue d'Erasme, placée sur le grand pont de la Meuse : elle est sur un piédestal de marbre, environné d'une balustrade de fer, et a été faite de la matière d'un Crucifix abattu par les Réformés. Ce Savant est en habit de Docteur, un livre à la main. On nous montra la maison où il nâquit en 1467, et où l'on a gravé cette inscription :

» Ædibus his ortus, mundum decoravit Erasmus
» Artibus ingenuis, relligione, fide.

Ce grand homme, orphelin dès son bas âge, dut sa réputation à son travail et à ses talents. De Paris, où il étudia quelque temps, il passa en Angleterre, et delà en Italie; il y fut bien accueilli de l'ami des Savants, le Cardinal de Médicis, dans la suite Léon X. Un second voyage qu'il fit à Londres, ayant trompé ses espérances de fortune, il se rendit dans la Belgique, où Charles d'Autriche lui assûra une existence honnête. Erasme eut pu s'élever plus haut, s'il eût été moins fier; mais il préféra vivre dans une médiocrité paisible à Basle; et il y mourut en 1536. Ses concitoyens honorent sa mémoire, parce qu'ils le regardent comme un des premiers approbateurs de leurs opinions : en effet, les censures qu'ont éprouvés plusieurs de ses ouvrages de la part des Catholiques, prouvent qu'il sourioit à la Réforme naissante, et on dit qu'il s'affligea à l'instant où il crut que le Luthéranisme alloit se perdre. Ce qu'il y eut de chagrinant pour lui, c'est que, tandis que l'Église Romaine lui reprochoit de chanceler dans sa croyance, il étoit accablé par les invectives de Luther.

En quittant Rotterdam, je me jettai dans un bateau qui partoit pour Bois-le-Duc, et j'arrivai devant Dordrecht, place fortifiée par les débris de la nature. C'est-là que fut débattue et condamnée, en 1618, la cause d'Arminius, et qu'on établit la Prédestination et la Réprobation, décrétées avant aucune prévision des mérites ou démérites.

Barnewelt trouva ce système trop dur et la condamnation des Arminiens injuste. Toutefois, ni sa naissance, ni son âge, ni ses services ne purent le sauver; il fut immolé en 1619, et Grotius, également contraire aux Gomaristes, enfermé dans une prison, d'où il ne s'évada que par un trait ingénieux de son épouse.

A quelque distance de Dordrecht, je remarquai Vorcum et Gorcum, situées sur la Meuse, vis-à-vis l'une de l'autre. C'est dans la seconde de ces deux villes, que coula le sang de dix-neuf prêtres Catholiques, en 1572 : Estius, ce savant Commentateur de Saint-Paul, né à Gorcum, a écrit l'histoire de ces victimes, mises à mort par Guillaume de la Marck, Comte de Lumay. Un peu au-dessous de Vorcum, est le château de Louvestein, d'où s'échappa Grotius.

Enfin, j'entrai dans Bois-le-Duc, dont tous les environs étoient sous l'eau. C'est un coup-d'œil assez singulier, de voir une ville flottante, pour ainsi dire, au milieu d'une plaine inondée, d'où s'élèvent, çà et là, quelques villages, qui n'ont de communication entr'eux que par des barques. Je considérois ces barques se croisant en tout sens, vers ces petites isles, qui ne cesseront de l'être qu'au bout de plusieurs mois. Cette inondation est la suite de la crainte qu'a inspiré l'approche des François. Si cette ville eût pu prévoir leur retraite précipitée, elle n'auroit pas ainsi noyé l'espérance de ses moissons.

Bois-le-Duc n'a pas fourni beaucoup à mes observations. Vous dire qu'elle est bien bâtie, ce n'est plus qu'une fade répétition d'un avantage, que j'ai attribué à toutes les villes de Hollande. Je passe donc subitement à Grave. Pour le coup, on ne peut tirer l'éloge de cette ville, de son architecture; elle présente, au contraire, un air maussade, et les édifices attristent par une irrégularité choquante. En revanche, c'est une bonne forteresse, défendue par un triple fossé, qui embrasse sept grands boulevards avec leurs demi-lunes, ouvrage du fameux Coehorn. Toutes ces fortifications n'empêchèrent pas Turenne d'y entrer en 1672. Cette Place n'a que trois portes : celle qu'on appelle *Hampoort*, est si grande, qu'en cas de siège, on y logeroit deux Bataillons.

Je ne suis plus qu'à trois lieues de Saint-Antoine, où je compte retourner à l'instant. Content des Hollandois, je n'ai qu'à me louer de l'accueil que m'ont fait toutes les personnes avec lesquelles j'ai eu des rapports. Il est fort douteux qu'avec plus de démonstration, on mette ailleurs plus de sincérité. Si, en entrant dans la Hollande, j'avois été résolu de ne trouver bien, que ce qui étoit analogue avec les usages et le caractère François, ce pays ne m'auroit présenté que des ridicules ; mais, si nous demandons grâce pour la pétulence et l'air volage de nos mœurs, pourquoi aurois-je ri du flegme de cette Nation ? Il est vrai que le maintien ne peut être plus paisible, ni plus silencieux. Les femmes même partagent ce sérieux porté à l'excès, et on peut dire qu'en général elles ignorent l'art de plaire. La plûpart ne connoissent que des plaisirs simples et innocents.... Le Théâtre est peu fréquenté, et ne mérite pas de l'être.... La promenade est rare ; et souvent, le retour du printemps n'est soupçonné, que parce que les nuages n'empêchent plus le soleil de dorer la maison du sédentaire et taciturne habitant de la ville, qui, entr'ouvrant alors sa fenêtre, ne délie sa langue que pour dire : *Wat voor een schoon weer vandag !* *

La saison qui nous engourdit, semble produire un effet tout contraire sur les Hollandois et les tirer de leur immobilité. Aussi-tôt que les canaux sont gelés, les parties de patins deviennent très-fréquentes. On voyage ainsi d'une ville à l'autre ; et il en est, qui font cinq lieues par heure. Ces courses sont le Carnaval des Bataves, et tandis qu'ailleurs les fêtes et le jeu ruinent les familles, la dépense est ici d'une ou de deux paires de patins.

Ce qui pourroit faire paroître ce pays désagréable à un étranger, c'est la mauvaise qualité des élémens. La terre marécageuse y rend l'air trop humide, et l'eau mal saine ; le bois y étant rare, il a fallu recourir à ce que la nature offroit pour y suppléer : on brûle de la *Tourbe* et de la *Houille*. La première est un gazon combustible, et l'autre

---

* Quel beau temps aujourd'hui !

une espèce de charbon huileux, que vous connoissez mieux que moi, puisque vous habitez maintenant le pays d'où on le tire le plus abondamment. Le territoire de Liége en fournit, dit-on, aux provinces voisines pour plus de deux cent mille écus, et on en fait remonter l'usage en 1198. Ces deux matières sont certainement une ressource précieuse ; mais l'odeur insupportable qui s'en exhale, m'empêche d'oublier le feu pur et salubre de nos cheminées.

Nous regagnons notre hermitage de Saint-Antoine, et nous allons retrouver les meilleurs de tous les hommes, les plus désintéressés de tous les bienfaiteurs. Je ne sais, qui d'eux, ou de nous, serons les plus contents, quand nous nous reverrons.

LETTRE DE MALFILLATRE

A M.ʳ TOCHEL, A LONDRES.

De Saint-Antoine, 12 Juin 1793.

JE l'aurois donné pour certain, que l'occasion ne tarderoit pas à se présenter de voir la Hollande, et en effet j'en ai parcouru la partie la plus intéressante. Sachant, mon cher ami, à quoi ce voyage m'engageoit à ton égard, je me suis mis en état de te payer la dette que j'ai contractée. Je te devois un abrégé des principaux évènements qui se sont passés dans le pays d'où je viens. Entre le moment de mon retour et celui où je t'écris, je n'ai mis que l'intervalle suffisant pour classer par ordre les idées que j'ai recueillies sur les lieux. Ce que je te dirai fait suite à ce que je t'ai envoyé, l'année passée, sur la Révolution des Pays-Bas du temps de Philippe II et de son successeur.

A peine la Hollande commençoit-elle à respirer, à la faveur de la Trêve conclue avec l'Espagne, qu'elle se vit engagée dans une guerre étrangère. Jean-Guillaume, Duc de Clèves et de Juliers, était mort sans enfants, l'an 1609, plusieurs Princes d'Allemagne se disputèrent sa succession. Les deux plus puissants compétiteurs, les Ducs de Brandebourg et de Neubourg, se saisirent, par provision, de ces Etats, et se firent prêter le serment de fidélité par le peuple. Les Hollandois appuyèrent le Duc de Brandebourg; et le Prince Maurice, secondé par la France, enleva la ville de Juliers à l'Empereur, qui avoit évoqué à lui cette affaire, et favorisoit le Duc de Neubourg. Ce dernier appella à son secours Spinola, qui se rendit maître de Vesel.

Dans l'ecole de Leyde, s'éleva une dispute Théologique, qui eut des suites bien fâcheuses pour les Provinces-Unies. Le Gouvernement eut beau imposer silence aux sectateurs de Gomar et d'Arminius, la querelle s'échauffa plus que jamais : on leva des troupes, et Maurice, partisan de Gomar, pour enlever à ceux d'Arminius leurs principaux soutiens, fit arrêter le Grand-Pensionnaire Barnewelt, Hoogerbets et Grotius. Dans l'espoir de couper racine au mal. on convoqua le Concile de Dordrecht, où les Arminiens furent condamnés. Toutefois, les Ministres Réformés des Nations étrangères refusèrent de souscrire à une sentence personnelle contre leurs adversaires : mais l'animosité des Gomaristes de Hollande ne s'en tint pas à des peines ecclésiastiques ; et de leurs ennemis, les uns furent bannis, d'autres emprisonnés ou dépouillés. Le supplice de Barnewelt suivit de près la tenue du Synode. Un des principaux griefs dont on le chargeoit, fut d'avoir *contristé l'Eglise de Dieu.* Cet homme célèbre fut le martyr de la liberté de son pays, beaucoup plus que des opinions d'Arminius, auxquelles pourtant il étoit attaché réellement. Grotius ne dut la liberté, et peut-être la vie, qu'à l'ingénieuse hardiesse de sa femme, Marie Regesberg.

L'Espagne n'avoit pas renoncé à l'espérance de réunir à sa Couronne le fleuron qui s'en étoit détaché, et si quelqu'un pouvoit exécuter cette entreprise difficile, c'étoit Spinola. Sans se rebuter d'avoir échoué devant Berg-op-zoom, il alla attaquer Bréda ; et ce siège est encore un de ceux qui ont rendu fameuse cette longue lutte entre l'Espagne et la Hollande. Après des efforts prodigieux de génie et d'adresse, de part et d'autre, la Place tomba en 1626. Envain le Stadhouder, pour faire diversion, tenta-t-il d'enlever Anvers par surprise ; il eut le chagrin de ne pas réussir devant cette forteresse et de ne pouvoir sauver Bréda. Accablé par ce double coup, il mourut bientôt après, avec la réputation d'un illustre Capitaine. Maurice décida lui-même du rang, qu'il croyoit lui être dû ; car un jour qu'on lui demandoit quel étoit le premier Général de l'Europe, il répondit : *Spinola est le second.*

Son frère, Frédéric-Henri, continua la guerre. Les Hollandois venoient d'enlever aux Espagnols une flotte qui leur portoit onze millions d'Amérique. Cette bonne fortune ranimant leur courage, le nouveau Stadhouder profita de ce moment pour les mener à la victoire, et il emporta tant de Places dans la Gueldre et le Brabant, que les Flamands auroient consenti à grossir le nombre des Provinces-Unies, en dépit de l'Espagne, s'ils n'avoient craint pour leur Religion.

Frédéric-Henri, appréhendant de voir tomber son crédit, s'il déposoit les armes, prolongeoit les hostilités. Aussi-tôt après sa mort, arrivée en 1647, les Hollandois envoyèrent leurs Députés à Munster, pour y conclure une paix particulière avec le Roi Philippe IV, et ils y furent reconnus, l'année suivante, pour un peuple libre et indépendant.

Il étoit naturel que toute l'Europe se trouvant en paix, la Hollande cherchât à guérir par l'économie les plaies qu'avoit faites à l'Etat une guerre aussi longue que dispendieuse. On résolut de licentier une grande partie des troupes. Le Stadhouder, Guillaume II, crut que ses intérêts personnels exigeoient qu'il restât entouré d'une armée; et piqué de ce que les Députés d'Amsterdam étoient les plus ardents à solliciter la réforme, il essaya de se rendre maître de cette ville, et marcha secrettement de ce côté-là, où personne ne soupçonnoit la moindre violence. Heureusement, Amsterdam fut avertie du danger qui la menaçoit. Guillaume se laissa amuser par les propositions qu'on lui fit, et il eut bientôt à rougir d'avoir pris le change, quand il se vit inondé et obligé de se retirer, sans avoir rien obtenu, ni par les négociations, ni par la force. Sa démarche l'exposoit au reproche d'avoir voulu usurper la Souveraineté, et cette idée lui fut si sensible qu'elle le conduisit au tombeau, six jours après la naissance de son fils, qui devint depuis, Roi d'Angleterre, sous le nom de Guillaume III. Pendant la minorité de ce Prince, les Etats-Généraux jugèrent à propos d'abolir la dignité de Stadhouder.

Jamais cependant on n'avoit eu plus besoin d'un Chef. Bientôt les Hollandois eurent à se défendre contre l'Angleterre, dont ils avoient provoqué la colère. Ce fut dans cette guerre qu'on vit les exploits des Tromp et des Black; mais les efforts des Bataves ne les empêchèrent pas d'être écrasés par leurs ennemis. Ayant perdu un grand nombre de vaisseaux, leur unique ressource fut de demander humblement la paix, que le fier Cromwel leur accorda à des conditions deshonorantes. Les intérêts de la Maison d'Orange furent sacrifiés, et on s'engagea à ne jamais prendre un Stadhouder dans cette famille. Ce cruel affront fut suivi d'un nouveau revers; et après avoir possédé le Brésil pendant vingt-cinq ans, la Hollande s'en vit dépouillée par les Portugais, qui venoient de secouer le joug des Espagnols. Elle se consola de cette perte par les succès inespérés qu'elle obtint dans une seconde guerre contre l'Angleterre. On vit ces Républicains, si maltraités par le Protecteur, remonter la Tamise, en ravager les bords, brûler des magasins et des navires, emmener le *Royal-Charles*, de cent pièces de canon, et le plus beau vaisseau qui fut alors en Europe. Enfin une paix glorieuse, couronnant tant de valeur, rendit le pavillon Hollandois vraiment imposant sur toutes les mers. Ce Traité fut signé à Bréda, en 1667.

La Hollande va prouver qu'un Etat est quelquefois bien près de sa ruine, lors même que la fortune lui prodigue toutes ses faveurs. Les Provinces-Unies, fières d'avoir arrêté les progrès de Louis XIV en Flandre, par la triple alliance conclue entr'elles, la Suède et l'Angleterre, ne respectèrent pas assez le ressentiment d'un Prince à qui le moindre prétexte suffisoit pour lui mettre les armes à la main. Le même instant vit l'orage se former et éclater. La guerre fut déclarée à la Hollande de la part des Rois de France et d'Angleterre, des Evêques de Munster et de Cologne, et en un moment la Gueldre fut subjuguée. L'armée Françoise entra dans le Bétau ; ce ne fut plus qu'une suite continuelle de conquêtes, dont la rapidité étonna et alarma l'Europe entière. On apprenoit à la Haye la prise des villes, avant qu'on sût qu'elles avoient été menacées. Trois Provinces étoient occupées par les ennemis, et celle de Hollande entamée : les François étoient dans Naerden, qui n'est qu'à cinq lieues d'Amsterdam. Pour sauver cette Capitale, on fut obligé de recourir à un élément qui avoit toujours fait la défense de la République : on perça les digues, on lâcha les écluses ; tout le pays fut inondé. Le peuple, ne voyant plus de ressource que dans l'unité de la puissance suprême, contraignit les Etats à abroger l'*Edit irrévocable contre le Stadhoudérat*, et de confier cette dignité au Prince d'Orange. Ceci se passoit en 1672. Les deux frères, Jean et Corneille de Witt, l'un Grand-Pensionnaire, l'autre Grand-Bailly, avoient toujours été d'avis qu'on calmât le Roi de France, à quelque prix que ce fût ; et d'après leur conseil, on se détermina à demander la paix. Grotius offrit de la part de la Hollande

Mastricht et douze millions. Louis XIV en exigea vingt, le libre exercice de la Religion Catholique et la cession d'un grand nombre de forteresses. Ces conditions révoltèrent; on se repentit de s'être abaissé aux pieds du vainqueur, et la populace de la Haye, regardant les de Witt comme les auteurs de cet affront, les massacra en plein jour, avec une cruauté inouie. La rage des assassins s'assouvit à peine en déchirant leurs cadavres.

Plusieurs Princes de l'Empire se liguèrent en faveur de cette République, réduite à l'extrémité; et son premier défenseur fut l'Electeur de Brandebourg, comme le plus intéressé à repousser les François d'un pays dont une partie lui appartenoit. On lui opposa Turenne, et il ne put rendre de grands services à ses Alliés; mais l'Empereur et le Roi d'Espagne s'étant declarés contre la France, tout changea en Hollande. Après une vive détresse, le moindre succès est un triomphe, et la reprise de Naerden occasionna les plus grandes réjouissances. Cet avantage rassûra les Etats-Généraux, et ce retour de la fortune, qu'on attribua à la prudence et à la valeur du Prince d'Orange, engagea les Hollandois à rendre le Stadhoudérat héréditaire dans sa personne et celle de ses enfants mâles; de sorte qu'à l'âge de vingt-trois ans, il étoit élevé à un plus haut dégré de gloire, que ne l'avoit jamais été aucun de ses ancêtres. La Hollande étoit sortie du sein des flots, et elle ne croyoit pas pouvoir trop faire pour témoigner sa reconnoissance à celui qu'elle regardoit comme son libérateur. Le pays conquis par la France étoit évacué; l'Angleterre, les Evêques de Munster et de Cologne, s'étoient détachés de Louis XIV; les horreurs de la guerre étoient passées des bords du Zuider-Zee dans les Pays-Bas Espagnols : la cause des Provinces - Unies étoit devenue celle des autres Nations; les Hollandois se soutinrent donc et furent maintenus dans l'intégrité de leurs possessions à Nimègue, où il fit la paix en 1678.

On ne peut nier que le Prince d'Orange n'ait relevé le courage de ses compatriotes, en faisant passer en eux l'ardeur qui l'animoit et la haine qu'il portoit à la France; mais sa patrie ne dut pas lui savoir gré de l'avoir engagée dans la Ligue d'Ausbourg, dont il fut le principal moteur. Devenu Roi d'Angleterre, il se servit des forces de ces deux Puissances comme d'un point d'appui, pour soulever toutes les autres contre Louis XIV, le protecteur du Monarque détrôné. Les défaites de Guillaume III, plus fréquentes dans l'histoire de sa vie que ses victoires, ne rallentirent pourtant rien de son incroyable activité. En perdant des batailles, il conservoit la contenance d'un vainqueur, et les ressourses de son génie rendoient presque douteux le succès de son ennemi. Cette contention d'efforts dans son Chef ne produisit cependant aucun bien à la Hollande; La paix de Riswich, en 1697, ne changea rien aux limites de cette République; mais elle n'avoit pu résister à l'impulsion du Prince d'Orange, qui prenoit sur elle toute l'autorité d'un Roi, tandis qu'il gardoit pour l'Angleterre toute la déférence d'un Stadhouder.

La Hollande se laissa de même entraîner dans la guerre contre la France, au sujet de la succession d'Espagne. A peine les hostilités avoient-elles commencé, que le Prince d'Orange mourut, et les Provinces-Unies prirent, pour la seconde fois, la résolution d'abolir le Stadhoudérat. Cette dignité resta donc supprimée jusqu'en 1747.

A cette époque, Louis XV déclara aux Hollandois que la nécessité d'assûrer ses conquêtes l'obligeoit à faire entrer ses troupes dans leur pays. Ce Prince les accusoit de favoriser ses ennemis. La proximité des armées Françoises fit bientôt croire au peuple Batave qu'il étoit dans le cas où les Romains demandoient un Dictateur. Il cria d'un ton qui ne souffre point de refus; il s'assembla en armes aux portes du Sénat, et exigea la nomination d'un Stadhouder. On reconnut en cette qualité Guillaume de Nassau - Orange, gendre du Roi d'Angleterre. Afin que cette Révolution ne fût pas aussi passagère que le péril du moment, le peuple, qui ne se borne jamais à une seule demande, voulut que le Stadhoudérat fût permanent dans cette maison, et héréditaire même aux filles, à condition que les Princes leurs époux ne seroient ni Rois, ni Electeurs, et professeroient la Religion Réformée. Ce rempart, que la Hollande opposoit aux progrès des François, ne les empêcha pas de se rendre maître de Berg-op-zoom; et la ville de Mastricht, qu'ils assiégèrent ensuite, alloit capituler, quand elle leur fut ouverte par la paix d'Aix-la-Chapelle, en 1748.

Voici, mon cher ami, un abrégé des principales Révolutions du pays que j'ai visité. Celle qui vient de s'opérer, il y a cinq ou six ans, auroit privé Guillaume V de son autorité, si la puissance du Roi de Prusse, son beau-frère, n'eût pas rendu inutiles les efforts de la Hollande. Je ne sais si les Bataves ont montré beaucoup d'énergie; mais, au premier apperçu, il est difficile de reconnoître dans les Patriotes de 1787 les descendants de ces braves, qui surent rendre leurs marais inaccessibles aux armées des Espagnols. La valeur militaire des Hollandois, au moins dans ce qui concerne le service de terre, n'a pas pour elle l'opinion publique : la Coalition actuelle, dans laquelle ils sont entrés, leur fournira l'occasion de fixer là-dessus le Jugement de l'Europe. *

Encore un mot sur le Gouvernement. Les Etats-Généraux ne sont que les Plénipotentiaires de chaque Province, dont il faut considérer l'union comme

---

* Il ne leur a pas été fort avantageux.

celle de plusieurs Princes, qui se ligueroient pour leur sûreté commune, sans perdre leur souveraineté. Cette assemblée prend le titre de Hauts et Puissants Seigneurs, (*Groote en moogedende Heeren*).

L'expérience a fait sentir à la Hollande qu'elle avoit besoin d'un Chef; en état, par le pouvoir dont on le revêtiroit, de hâter les lenteurs des différentes Provinces, de suspendre l'action des préjugés, et des intérêts particuliers, et de donner à toutes les parties la même activité. Ce centre, où devoient aboutir tous les moyens de la République, fut le Stadhoudérat.

Le Stadhouder, par sa place même, est Capitaine et Amiral-Général, et dispose de tous les emplois militaires. Il donne audience aux Ambassadeurs, préside aux Cours de Justice, choisit les principaux magistrats des villes; juge les différents qui surviennent entre les Provinces-Unies, et interprète même les articles de l'Union d'Utrecht, qu'on regarde comme la loi fondamentale de l'État. *

---

* La dignité de Stadhouder a été abolie en 1795 par la République Batave.

Les forces militaires de la Hollande consistent en cinquante mille hommes de troupes réglées, et en trente vaisseaux de guerre, qu'entretient l'Amirauté. (*Sa Marine, en 1801, se trouve réduite à huit vaisseaux*).

Les sources du commerce sont les établissements dans les Indes, les manufactures qui occupent beaucoup de bras, et la pêche du Hareng. Les Hollandois ne commencèrent à tirer de grandes richesses de cette pêche, qu'après que Guillaume Beukels-Zoon leur eut enseigné la manière de saler et d'encaquer les harengs; ce qui n'arriva qu'à la fin du quatorzième siècle. Autrefois, il sortoit des ports de la République plus de quinze-cents barques de pêcheurs : aussi dans plusieurs Edits, cette pêche est appellée le *Pérou*, ou la *Mine d'or* de la Hollande; mais cette *Mine* a cessé de fournir d'aussi grands trésors que dans les siècles précédents.

On pêche le hareng sur les côtes de la Grande-Bretagne, et le commerce le plus lucratif se fait avec le hareng salé. Celui qu'on enfume, le *Bokking*, se prend dans le Zuider-Zee. La grande colonne de hareng quitte le Nord au commencement de l'année ; son aile droite arrive au mois de Mars en Islande, l'aile gauche se subdivise : une partie va se rendre au Banc de Terre-Neuve, l'autre dirige sa course vers la Norvège, et se répand sur les côtes de l'Allemagne et de la Hollande. Toute l'armée se rejoint dans la Manche, pour s'en retourner au mois d'Aoust. On raconte de Charles-Quint, qu'il étoit si friand du hareng de Hollande, que se trouvant en 1556 à Biervliedt, patrie de Beukels-Zoon, il lui fit ériger un tombeau.

La pêche de la Baleine n'est pas aussi avantageuse à la Hollande. Il part, à la vérité, chaque année, près de deux cents barques pour le Groenland et le détroit de Davis; mais il est douteux que ce commerce soit bien profitable aux entrepreneurs.

Console-toi, mon cher ami, de la longueur de cette lettre, car je ne prévois pas que, de si-tôt au moins, tu aies rien à craindre de mes récits. Je me propose de passer ici tranquillement le reste de l'été et l'hyver prochain ; l'endroit que j'habite est, à-coup-sûr, celui de l'univers le moins propre à nourrir la démangeaison de conter.

LETTRE DE M.r ANOT

A M.r RENISAU, A BALTIMORE.

De Saint-Antoine, 1 *Septembre* 1794.

Monsieur,

JE vous savois en Amérique, mais comment découvrir le lieu de votre demeure sur ce vaste Continent? Grâce à votre bon souvenir; sans lui, j'en serois encore à chercher l'endroit où vous existez. J'en ai été instruit par M.r d'Anigour, qui m'a rendu l'expression de vos sentiments à mon égard. D'après l'extrait qu'il m'a fait de votre lettre, vous ne savez pas dans le nouveau monde ce qui se passe dans l'ancien. Ah, Monsieur, cet ancien monde a une vieillesse bien agitée! Vous l'avez laissé en proie à des convulsions; il y est encore. On s'y heurte, on s'y déchire; la paix en est bannie. * Vous

---

* Voltaire, en préparant la Révolution de France, en avoit prédit aussi les orages. *Elle*

dites

dites que vous en ignorez presque toutes les nouvelles, parce qu'en traversant l'Océan, elles prennent un air, les unes de fausseté, les autres d'invraisemblance, qui nécessite le doute. Que la vérité s'altère dans un si long trajet et se transforme en mensonge, je le conçois parfaitement; mais que vous deviez mettre au rang des fables les faits qu'on vous raconte, c'est une faute que vous commettez, pour ne pas connoître la nature des évènements dont nous sommes témoins. Leur genre est d'être incroyables, quoique vrais. Le siècle de Louis XIV compte parmi ses miracles la conquête de trois provinces de la Hollande en un mois; celle de la Belgique n'a demandé que huit jours à Dumourier, sur la fin de 1792, et il ne fallut guères plus de temps aux Autrichiens pour reprendre ce pays quatre mois après, au commencement de l'année suivante. Mais cette impétuosité des Impériaux vint se briser contre les frontières de France; elles furent entamées pourtant : Condé, Valenciennes,

---

éclatera, (disoit-il en 1764) à *la première occasion : alors ce sera un beau tapage!*

le Quesnoi tombèrent au pouvoir des Alliés, commandés par le Prince de Cobourg. Ce Feld-Maréchal ne put prendre Maubeuge, et le Duc d'Yorck fut obligé de lever honteusement le siège de Dunkerque; ce fut par ce revers que finit de ce côté-là une campagne qui avoit eu d'abord les plus brillants succès.

La même année 1793, (Vous voyez que c'est un journal que j'écris, et je lui dois au moins un peu d'ordre dans les faits). les Coalisés eurent aussi, pendant quelque temps, des avantages, sur le Rhin. Le Général Prussien, Comte de Kalckreuth, reprit Mayence aux François, et la vive résistance des Républicains n'empêcha pas les lignes de Weissembourg d'être forcées, ni l'Alsace d'être envahie par Wurmser. Ce dernier ne tarda pas à en être chassé.

Cependant, l'intérieur de la France gémissoit sous le fer de la tyrannie la plus féconde en atrocités. Figurez-vous un homme altéré de meurtres, qui cache la barbarie la plus dégoûtante sous le voile du Patriotisme, et qui a l'art de tromper le peuple, en lui faisant croire que les victimes immolées à sa défiance ou à sa vengeance, sont les ennemis du bien public; figurez-vous ce monstre abreuvé du sang d'un Souverain, se baignant dans celui de son épouse et de sa sœur, bûvant à longs traits celui de plusieurs milliers d'individus, précipitant les uns dans l'horreur des cachots, plongeant les autres, tout vivants, dans l'abyme des eaux.

> « Tout imita Paris ; la mort, sans résistance,
> » Couvrit en un instant la face de la France.
> » Quand un Roi veut le crime, il est trop obéi ;
> » Par cent mille assassins son courroux est servi ;
> » Et des fleuves François les eaux ensanglantées
> » Ne portoient que des morts aux mers épouvantées.
>
> HENRIADE. Ch. II.

Tout tremble, l'amitié craint la trahison; la richesse la délation ; l'innocence le tranchant de la guillotine. Voilà le *Terrorisme*; c'est le nom qu'on a donné à cette époque, qui salira toujours les pages de notre histoire! Voilà les traits de Robespierre! Voilà enfin, comment une nation tombée du plus haut point de sa civilisation, est rétrogradée vers la barbarie! Une femme à l'aspect de la patrie déchirée, conçut le dessein d'en venger le deshonneur sur un des chefs de la faction. Charlotte Cordai plongea un poignard dans le sein de Marat. Condamnée à mourir, elle n'eut qu'un noble dédain pour ses bourreaux.

Le sceptre de fer qu'avoit usurpé Robespierre, ne s'appésantissoit pas seulement sur ceux qu'il soupçonnoit de jetter un regard de regret sur l'ancien régime. Le tyran proscrivoit encore quiconque pouvoit dresser un trône à côté du sien, et il fit périr le Duc d'Orléans et un grand nombre des Membres de la Convention.

Les orages de la Capitale ne pouvoient manquer d'en produire dans les provinces. Lyon se révolta, mais eut lieu de se repentir de sa rébellion : Marseille, en punition d'un pareil crime, fut condamnée à demeurer pendant quelque temps *sans nom*. Toulon, livré aux Anglois, fut repris par Dugommier ; l'artillerie de siège étoit commandée par un jeune officier, nommé Bonaparte, qui y laissa entrevoir de grands moyens.

Mais le foyer de l'incendie presque général en France, étoit la Vendée. Souvent comprimé, le feu n'y a pas même été éteint par les flots de sang, que les deux partis y ont fait couler, et la République compte encore bien des ennemis dans cette province. *

---

* Les soins de Hoche et de Bonaparte ont rendu le calme à ce pays.

L'année 1794, dont la moitié est déjà écoulée, présente autant d'évènements singuliers que la précédente. Tandis que les armées, en quartiers d'hyver, laissoient respirer les frontières Septentrionales, la Corse étoit la pomme de discorde, que se disputoient la France et l'Angleterre. Paoli, dont le nom étoit connu dans l'histoire des troubles de cette isle, ayant attiré une foule de mécontents sous ses étendards, secondoit les efforts de Nelson. Ce pays est aujourd'hui un Royaume, uni à l'Angleterre. Il est à présumer que ce titre de *Roi de Corse*, dont s'est paré Georges III, ne lui demeurera pas plus long-temps, qu'il n'est resté à l'aventurier Allemand Théodore de Neuhoff.

Au moment que le Gouvernement françois perdoit cette isle importante, méditoit une seconde invasion dans Belgique. Une réquisition de tous les jeunes gens depuis dix-huit ans jusqu'à vingt-cinq, l'avoit mis en état de lever douze armées, qui, portées sur différents points des frontières, et se touchant pour ainsi dire, l'une l'autre, formoient un cercle redoutable de troupes déterminées à vaincre ou à mourir. Les noms qu'on leur donna, marquoient leur destination ; les voici :

ARMÉES.

1. Des côtes de Cherbourg.
2. Des côtes de Brest.
3. De l'Ouest.
4. Des Pyrénées Orientales.
5. Des Pyrénées Occidentales.
6. D'Italie.
7. Du Nord.
8. De Sambre et Meuse.
9. Des Ardennes.
10. De la Moselle.
11. Du Rhin.
12. Des Alpes.

Avec des légions aussi nombreuses, il est permis de concevoir des plans hardis. Tel fut celui que les Républicains tracèrent, et qu'ils ne balancèrent pas même à rendre public. Jourdan, qui avoit succédé à Houchard dans le Commandement général, parut trop timide pour des opérations dont le succès dépendoit de l'intrépidité dans l'exécution. On le mit à l'aile droite de l'armée qui devoit agir contre les Pays-Bas ; on confia la gauche à Vandamme, et Pichegru, dont les talents s'étoient développés en Alsace, fut chargé du centre, et investi d'une autorité illimitée sur cette partie des forces de la République. Jourdan devoit pénétrer par le pays entre Sambre et Meuse, Vandamme par la West-Flandre, et obliger ainsi les alliés, trop foibles pour défendre une ligne aussi longue, de rétrograder et d'abandonner leur conquêtes, de peur de se trouver enveloppés.

Cette campagne, qui devoit décider du sort d'une des plus belles provinces de la Maison d'Autriche, s'ouvrit sous les yeux de l'Empereur même, que l'Archiduc Charles avoit déterminé à se transporter sur le théâtre de la guerre. François II gagne une première bataille, et voit tomber Landrecies, au bout de quatre jours de bombardement. Mais la fortune va changer. Un corps de l'armée françoise entame la Flandre ; Pichegru l'appuye : un combat meurtrier se livre près de Tournay, et chaque parti s'en attribue la victoire. Cependant, Jourdan s'avance jusqu'aux bords de la Sambre, la passe et repasse cinq fois, emporte Charleroi, et va battre Waldeck à Fleurus, endroit déjà fameux par deux actions mémorables. Celle-ci fut décisive ; rien ne s'opposoit plus aux progrès de l'aile droite : Ypres qui auroit pu arrêter Pichegru, se rendit peu après. Les quatre forteresses conquises se trouvèrent sans défense, au milieu des ennemis; et l'Empereur, qui vit la Belgique ouverte de tous côtés, s'empressa d'en sortir, abandonnant Bruxelles aux François.

L'armée Autrichienne ne disputa plus

le terrain que pour couvrir sa retraite vers le Rhin, et elle l'effectua sous les ordres de Clairfayt, qui avoit remplacé le prince de Cobourg. Les Anglois et les Hanovriens se sont repliés sur les frontières de la Hollande, et à présent encore, ils couvrent ce pays. Mais je suis bien loin de regarder cette barrière comme suffisante, et je m'attends à quitter sous peu la solitude où j'ai vécu pendant vingt mois, dans la plus heureuse tranquillité. A la première alerte, j'irai chercher le repos au delà du Rhin, s'il est nécessaire.

Je vous félicite d'avoir quitté notre hémisphère, pour en habiter un autre, où vous ne serez pas contraint, comme moi, à des déplacements. Celui-ci sera le sixième depuis que je suis sorti de mon pays; et ne croyez pas qu'en m'obstinant à rester dans la proximité, j'aye conservé au moins l'avantage de correspondre facilement avec ma famille. Toutes les voyes sont obstruées; les lettres ne parviennent que très rarement. Souvent il arrive que les personnes auxquelles elles sont adressées, se trouvent au fond d'une prison, où elles ne vivent plus que pour gémir. L'année dernière, la Convention a donné un décret, qui met en état d'arrestation tout individu suspect.

D'après le peu que je vous ai dit de la vague de terreur qui s'est introduite dans notre patrie, vous jugerez quelle latitude on y donne au terme de *suspect*. Toutefois, il est permis d'espérer qu'on touche à la fin des proscriptions, et l'excès du mal a engendré le remède. Cette Convention, où s'aiguisoit le glaive de la persécution, recéloit pourtant le germe du salut de la France : elle vient de sortir de l'état d'immobilité où les coups redoublés de Robespierre l'avoient réduite, et son premier mouvement a eu tant d'énergie, qu'elle a écrasé le tyran, et l'a dévoué, avec son affreux systême, à l'indignation de la postérité. Déjà, on chasse des temples l'idolatrie, que ce pontife de l'impiété y avoit introduite. Bientôt, la vertu, pour écchapper à la mort, ne sera plus obligée de prendre le masque du crime; on ne verra plus la moitié de la France livrée à une frénésie féroce, et l'autre plongée dans une létargie honteuse. Ce beau pays, après s'être débattu long-temps dans d'horribles convulsions, reviendra à cette donceur de mœurs, à laquelle il a dû l'estime des autres nations; je l'espère, et c'est le vœu de mon cœur.

Je n'ai fait qu'effleurer les évènements, qui viennent de se passer depuis un an.

I!s se sont succédés avec tant de rapidité, et leurs résultats ont eu des conséquences si importantes, que pour donner une étendue convenable à leur développement, il me faudroit un repos d'esprit qui me manque aujourd'hui ; contentez-vous donc de l'ébauche informe que je vous ai donnée. M.r Iklen se charge de vous faire tenir ma lettre. C'est le plus obligeant de tous les amis, et je lui dois une partie des agréments de mon séjour à Amsterdam, quand j'ai visité cette ville, l'année dernière.

LETTRE DE M.r ANOT

a M.r Iklen, a Amsterdam.

De Vesel, 28 *Septembre* 1794.

J'AI quitté, Monsieur, ma délicieuse Hollande, ou plutôt j'en ai été arraché par une impérieuse nécessité. J'étois bien tenté d'aller vous trouver ; c'eût été une occasion de satisfaire à mon cœur, et de vous renouveller, de vive voix, les témoignages de la reconnoissance que vous ont acquise toutes les bontés dont vous m'avez comblé, lors de mon voyage à Amsterdam. Mais, à vous dire vrai, votre Capitale ne me paroît pas à l'abri de tout danger; et il est à craindre que les retranchements, formés par la nature même, ne soient pas inaccessibles à la fortune, qui conduit les François par la main. Vos fleuves et vos marais ne vous sauveront peut-être pas.

Au commencement de ce mois, j'étois encore assez tranquille à Saint-Antoine. Ce calme, dont je jouissois, pouvoit être troublé par le moindre revers des Anglois; ils l'ont essuyé à Boxtel. Pichegru, le terrible Pichegru, tomba sur cette portion des coalisés, et ce ne fut pour lui qu'un jeu, de les forcer à passer la Meuse. Il fallut se retirer dans le pays de Clèves. Ayant des connoissances dans le village de Bergen, je m'y établis provisoirement. Tous ces quartiers étoient occupés par les troupes Hanovriennes, qui se préparoient à passer le Rhin. Les temps étoient changés : un an auparavant, j'avois vu ces mêmes soldats à Cathuich, allant, dans une espèce de triomphe, se joindre à une armée victorieuse, qui venoit de reconquérir une grande province. Dans ce moment, au contraire, ils se détachoient d'une armée vaincue, vaincus eux-mêmes, ne songeant plus à attaquer, mais à fuir.

Mon séjour ne fut pas long à Bergen. Sitôt que j'eus appris les nouveaux progrès des François, je crus qu'il étoit prudent de s'éloigner. Pour obliger les Autrichiens à précipiter leur retraite, le vainqueur de Fleurus avoit fait franchir l'Ourte à son armée. Ce qu'on raconte de cette action, tient du prodige. Sous les ordres de Jourdan, le soldat François, dans l'eau jusqu'au col, bravant à la fois tous les élémens, s'avançoit à travers le torrent et le feu des batteries, pour gravir le rivage défendu par les ennemis et bordé d'une artillerie foudroyante, qui lançoit la mort de tous côtés. Ce passage s'exécuta le 18 de ce mois, et je suis parti le 22. Je ne m'arrêtai à Santes, la patrie de Saint-Norbert, que pour admirer la Collégiale, qui est sûrement la plus belle église du pays de Clèves; gagnant, le plutôt possible, la rive droite du Rhin, j'allai à Vesel, pour aviser à la direction que je devois donner à ma course.

J'avouerai que l'embarras où je me trouvois, m'avoit jetté dans des réflexions un peu sombres. C'est qu'en effet, notre humeur prend presque toujours sa teinte de la situation dans laquelle nous sommes;

j'en avois une preuve assez claire dans les deux personnes avec qui nous faisions route jusqu'à Vesel. L'un étoit un officier Anglois, abondamment fourni de guinées, parlant fort bien françois, mais fort mal allemand. Notre postillon lui ayant dit un mot, qui, sans être une insulte, en avoit à peu près le son; l'Anglois s'y trompa, et sa réplique fut une menace. Le phaëton Prussien n'oublia pas ce qu'il étoit; fier d'être au service d'un puissant monarque, il ceignit son *cor*, comme un grand seigneur auroit fait un cordon d'ordre, et se présenta aux coups. Mais le fougueux officier, sans respecter la marque décorative de cet homme public, alloit lui passer son épée au travers du corps, si nous ne l'eussions arrêté et forcé à lâcher prise. Il se plaignit de l'espèce de violence que nous lui faisions, et ne s'en consola qu'en déchargeant sa bile, par une éloquente diatribe contre l'insolence, toujours croissante, disoit-il, du Tiers-Etat. Notre autre compagnon de voyage étoit plus familiarisé avec les procédés de ce Tiers-Etat; c'étoit un émigré François, que l'habitude du malheur rendoit plus endurant.

Ce que j'ai vu de Vesel, ne m'annonce pas que cette ville ait de quoi arrêter long-temps la curiosité d'un voyageur. Sa position au confluent du Rhin et de la Lippe, n'empêcha pas les François de la prendre en peu de jours l'an 1672. Sept ans après, on la rendit plus forte, par la construction d'une citadelle; cependant, le prince de Soubise s'en empara, en 1757.

Je vais faire route dans l'Allemagne, tout au hazard; car il n'y a aucune raison, qui me détermine à préférer le Nord au Midi, ou un cercle à un autre. Ce que je crains, c'est de n'avoir pas toujours le choix; il est plusieurs Princes, qui, dit-on, ferment leurs Etats à tout ce qui porte le nom françois.

Permettez-moi de vous recommander la lettre que je vous ai adressée, il y a trois semaines, pour la faire passer à M.r Renisan à Baltimore, supposé que vous ne l'ayez pas envoyée. En tout cas, je vous prie, dans l'occasion, de me rappeller au souvenir de ce brave homme. Recevez encore une fois mes remerciements, ainsi que ceux de Malfillatre, qui va errer avec moi. Sa destinée est assez étrange. Il n'étoit sorti de France que pour trouver le repos, et jamais jeunesse n'a été plus agitée que la sienne; ses études ont déjà été souvent interrompues, et nous sommes obligés de traîner avec nous ceux de nos livres qui nous sont les plus nécessaires. C'est ainsi que nous forçons Apollon de courir le monde, et les productions de notre Muse peuvent s'appeller des *Œuvres fugitives*.

LETTRE DE MALFILLATRE

AU CITOYEN VIELLART, A PARIS.

De Ratisbonne, 8 *Novembre* 1794.

Mon cher oncle,

ENFIN j'espère que celle-ci vous parviendra; car, depuis quelque temps, les lettres paroissent avoir un libre passage. C'est avec la plus vive impatience que j'attendois cet heureux moment, de pouvoir vous instruire de ma situation. Dans quelles inquiétudes n'aurez-vous pas été, ainsi que mes parents, pendant dix-huit mois, que je n'ai pu vous donner de mes nouvelles? Rassûrez-vous; je suis vivant, et bien portant. Je m'imagine facilement que votre intérêt pour moi vous fait désirer de savoir par quelle suite d'aventures je me trouve en Bavière; je vais vous en informer.

Vous le savez; la raison pour laquelle je suis sorti de mon pays et l'âge dans lequel je l'ai fait, me mettoient à l'abri du soupçon d'émigration. Cependant, la fatalité des circonstances fut telle, que j'ai été obligé de partager tous les inconvénients de ceux qui avoient la loi contre eux. A l'arrivée des françois, en quelqu'endroit que c'eût été, le bruit des armes auroit étouffé les meilleures raisons. Le parti le plus prudent étoit de céder la place aux nouveaux venus, et voilà ce qui m'a décidé à quitter la Hollande pour aller chercher le repos en Allemagne. Il n'étoit pas aisé de l'y trouver, et je ne l'ai que trop éprouvé.

Peu après la retraite de Boxtel, nous entrâmes dans la Westphalie, avec l'intention vague de nous y arrêter, s'il étoit possible d'y trouver un séjour qui nous convint. Mais les misérables bicoques de cette province que nous traversâmes, se présentoient avec un air si maussade et si hideux, qu'en vérité dans le temps même que nous cherchions les moyens de nous y fixer, nous désirions intérieurement ne pas les rencontrer; tant il nous tardoit de sortir d'une contrée aussi mélancolique. Le ciel, là-dessus, fut d'accord avec nos sentiments : il fallut essayer de Munster.

Cette ville, loin d'être aussi désagréable que ses environs, est au contraire fort belle, et je l'ai parcourue avec plaisir : elle m'étoit connue par différents traits de l'histoire. François Waldeck, son Evêque, l'assiégea en 1534 ; il en avoit été chassé par les Anabaptistes, et ce fut alors que Jean de Leyde se fit proclamer roi de Munster. Après avoir coupé la tête à une de ses femmes, qui lui reprochoit son intempérance, tandis que la famine enlevoit un grand nombre de citoyens, ce scélérat se mit à danser, et ayant pris ses autres concubines par la main, on commença un branle accompagné de chansons. Le peuple affamé se joignit à la fête, dans la crainte de déplaire à ce furieux, que ses cruautés rendoient redoutable. Heureusement, deux ans après, on délivra la terre de ce monstre. J'ai vu la tour de l'église de Saint-Lambert, où Jean de Leyde fut pendu, avec Bernard Krechting et Knipperdoling.

Le Prince-Evêque actuel de Munster est l'Archiduc Maximilien, Electeur de Cologne, et Grand-Maître de l'ordre

Teutonique. Il y a un palais magnifique, dont les vastes jardins forment pour le public une très-agréable promenade. *

Vous vous moqueriez de moi, si je vous faisois la remarque, que c'est à Munster, qu'après trente ans de guerre fut conclu en 1648, le célèbre traité, nommé aussi le traité d'Osnabrug, mais plus généralement la *paix de Westphalie*.

Ne pouvant songer à prendre domicile dans un endroit qui regorgeoit d'étrangers, nous pensions nous transporter à Minden, quand nous vîmes arriver deux François de notre connoissance, bien décidés à ne pas perdre de temps et à partir pour Prague. Pour Prague, grand Dieu ! Cette résolution nous paroissoit insensée. A quoi bon aller si loin ? Cependant, nos amis surent si bien faire valoir les motifs qui les engageoient à entreprendre un si long voyage, que nous commençâmes à voir par d'autres yeux que par ceux de la surprise. Ce que nous avions taxé de folie, n'en étoit réellement pas une. Il est vrai, qu'il falloit faire un grand chemin, avant de gagner la Bohème ; mais une fois arrivés dans la Capitale, nous nous

---

* Ce Prince est mort en 1801.

flattions d'y être à l'abri de toute alarme, et d'y trouver de l'agrément et des ressources. Mon Gouverneur me demanda, en souriant, si une distance de plus de cent lieues ne m'épouvantoit pas ; et sur une réponse qui le laissoit le maître de disposer de moi, pour quelque pays que ce fût, le pélerinage de Prague fut résolu.

Quelle affreuse contrée, que celle que nous eûmes d'abord à traverser ! C'est avec la plus exacte vérité, que Voltaire a dit de la Westphalie : « Il existe une » espèce d'hommes, habitant, pêle-mêle, » avec les animaux, dans des espèces de » maisons, mangeant une espèce de pain, » qui ressemble plutôt à une pierre. » Ce pain, qui en a à peine l'apparence, est ce qu'on nomme le *Pompernikel.*

Il faut qu'un François soit bien malheureux, pour oublier sa bonne humeur ; mais cette gaieté, qui résiste à l'amertume des revers, ne tient pas contre l'insipide uniformité de ses bruyères, et la taciturnité de ses habitants. Combien de fois ne nous sommes nous pas écriés : Où sont ces fortunées prairies de la Hollande, ces jardins odorants de la Belgique ? Il ne nous en restoit plus que le souvenir. Nous foulions au contraire une terre décolorée, et pour comble de disgrace, nous tombâmes, au bout de deux jours de marche, dans Paderborn. Cette misérable ville, située sur un ruisseau appellé *Pader*, est la Capitale d'un petit Etat souverain, possédé par son Evêque, Prince de l'Empire. Ce fut dans ses murs, que Charlemagne convoqua une grande assemblée, où les Saxons promirent de ne jamais renoncer à la religion Chrétienne, ni à l'obéissance du roi de France. Le même Empereur y établit un Evêché, dont Henri II augmenta le temporel. Le Prince-Evêque qui occupe aujourd'hui le siège de Paderborn, a trouvé dans les malheurs du Clergé françois une occasion de faire un louable usage de ses richesses, en les versant dans le sein des fugitifs nombreux obligés de traverser son pays.

De Paderborn, nous nous acheminâmes vers Cassel. Ce fut entre ces deux villes qu'Arminius, Prince des Cattes et Général des Germains, massacra trois Légions Romaines, commandées par Varus, l'an 9 de l'ère vulgaire; vous savez combien Auguste fut sensible à cette sanglante défaite. Le philosophe de Sans-souci prétend qu'

« En passant les forêts et les monts des Germains,
» Varus négligea trop le soin de ses Romains;

» Il oublia de l'art les règles salutaires,
» Ses camps étoient peu surs, ses marches téméraires.
» Il guida ses soldats en d'affreux défilés,
» Où par Arminius ils furent accablés.
» Frappé de leur destin, le pacifique Auguste
» S'écria dans l'effort d'une douleur si juste:
» O Varus, ô Varus ! rends-moi mes Légions.

Les Cattes habitoient la Hesse actuelle, et ils peuplèrent la Hollande par colonies ; cette émigration rend raison de l'affinité des langues allemande et hollandoise.

En poursuivant ma route, je fus étonné de me trouver aux pieds de quelques montagnes : ce fut pour moi comme le réveil d'une vieille idée ; car, depuis mon entrée dans les Pays-Bas, cet objet ne m'avoit plus frappé les yeux. Bientôt, la plaine disparut, et je n'arrivai à Cassel que par des chemins très-roides et escarpés.

Cette ville, une des plus belles de l'Allemagne, est divisée en vieille, haute et basse. La Place-Frédéric forme un quarré-long, ayant trois de ses côtés plantés de tilleuls; au milieu, est la statue du dernier Landgrave.

Parmi les édifices publics qui ornent cette Capitale, on distingue l'Opéra, où le lieu de la scène est, dit-on, si spacieux, que des détachements de cavalerie y peuvent figurer. On ne quitte pas Cassel, sans visiter le Muséum, qui renferme, entr'autres curiosités, une machine électrique avec laquelle il est facile de tuer un bœuf; un miroir ardent qui brûle un morceau de bois sous l'eau, et une pierre d'aimant qui soulève une masse de quatre-vingt-dix livres. On y voit aussi le squelette d'un éléphant dont la voracité étoit extraordinaire dans ses dernières années; un lion, un zèbre et trente-huit autres animaux sont empaillés de manière à faire illusion. Enfin, on entre dans une grande chambre.... un rideau tombe et laisse appercevoir une assemblée nombreuse de Princes, tous richement habillés et assis; ce sont les Langdgraves, depuis Philippe le Généreux jusqu'au dernier mort, de grandeur naturelle, en cire, avec le costume des différents temps où ils ont vécu. L'église Catholique, finie en 1776, mérite d'être vue; on y remarque un autel de marbre rouge et blanc, avec des dégrés de marbre noir.

La qualité de François nous soumit à toute la rigueur des règlements de police portés à Cassel contre ceux de notre Nation; il ne nous fut pas permis d'y coucher, et un soldat nous accompagna jusqu'à une des portes de la ville. Le seul parti à prendre, étoit celui de l'obéissance : aussi suivîmes-nous notre guide sans répliquer. L'insolent militaire auroit dû imiter notre modération et ne pas mêler l'insulte à la dureté de sa fonction, comil le fit, quand, en nous congédiant, il il nous dit d'un ton moqueur: *Gute Reise*. (Bon voyage).

Après avoir passé la nuit dans un faux-bourg, il s'agissoit le lendemain de rentrer furtivement dans Cassel. Les portes en étoient fermées, à raison d'un jeûne général dans la Hesse; mais une légère pièce de monnoye, donnée à la sentinelle, les fit facilement ouvrir, et nous prîmes à la poste des arrangements pour continuer notre voyage, et sortir d'un pays où nous avions été si mal accueillis.

Il nous survint un renfort de compagnie; c'étoient quatre *Normands*,

« Avec qui, pauvre infortuné,
» J'étois à rouler destiné.
» On s'assemble, chacun se place ;
» Sous le poids de l'horrible masse
» Déjà les pavés sont broyés.
» Les fouets hâtifs sont déployés,

» Qui, de cent diverses manières,
» Donnent à l'air les étrivières.
» Un jeune esprit aërien,
» Trop voisin de nous pour son bien,
» En reçut un coup sur le rable,
» Qui lui fit faire un cri de diable....
» Nos coursiers, ce bruit entendu,
» Connoissant la verge ennemie,
» Rappellent leur force endormie.
» Ils tirent ; nous les excitons.
» Le cocher jure : nous partons.
» Nous poursuivions notre aventure,
» Lorsque l'infernale voiture

ROUSSEAU, Ep. à la Fosse.

refusa le service, et nous laissa au milieu du chemin. Ah, quel chemin! ou plutôt, quels lacs de boue, quels précipices! C'est à y être enseveli tout vivant... On y descend comme dans un gouffre.... Nous n'avions pas encore eu le temps de nous accoutumer aux cahots de notre misérable berline, quand la lourde machine tombant dans un trou, une roue *crie et se rompt*; un morceau considérable en reste dans la fange, et voilà notre chariot écloppé!

Vous croyez peut-être qu'il y eut beaucoup d'agitation et d'empressement parmi les postillons? Ah, vous ne connoissez donc guères cette espèce d'hommes, ni le flegme germanique! Ils commencèrent

mencèrent par ordonner à tous ceux que l'horrible secousse n'avoit pas tout-à-fait tués, de mettre pied à terre; et après avoir relevé à force de bras cette Diligence embourbée, ils détachèrent quelqu'un pour le plus prochain village. Cependant nous voici dans une nuit obscure, en plein champ, pestant contre les chemins et les gens, bien à notre aise, sûrs de n'être pas compris. Enfin, au bout de deux grandes heures, on parvint à ajuster une nouvelle roue, et le coche fatal nous transporta, tant bien que mal, à la première station. En attendant qu'on l'eût mis en état de continuer la route avec plus de sûreté, nous allâmes visiter le Weser, que nous eûmes souvent depuis occasion de revoir.

Peu après, nous entrâmes dans Smalkand, petite ville où fut formée en 1530 une ligue fameuse entre différents Princes Protestants, qui vouloient opposer la force à l'exécution des édits de Charles-Quint contre ceux qui se séparoient de l'Eglise Romaine.

Saxe-Meinungen, Hilburghausen et Cobourg plaisent d'autant plus qu'on ne s'attendroit pas à rencontrer d'aussi jolis endroits au milieu d'un pays d'ailleurs assez maussade. On est presque toujours environné de lugubres forêts de sapins, qu'on croiroit presque composées du même arbre, éternellement répété. C'étoit pour moi un délassement, lorsque mes yeux pouvoient, par hazard, s'échapper sur d'autres objets : encore même là, l'image de cet arbre monotone me poursuivoit ; et la nuit, dans les bras du sommeil, si je rêvois, je rêvois sapin.

Heureusement, les plaines fertiles de la Franconie vinrent interrompre cette longue suite d'idées sombres, et Bamberg nous dédommagea de la triste vue des bicoques que nous avions traversées. Cette ville est grande et bien bâtie ; son Evêque, qui en est souverain, relève immédiatement du Saint-Siège ; et comme les Prélats d'Allemagne ne se contentent pas d'un bénéfice, l'Evêché de Vurtzbourg est uni à celui de Bamberg. *

Un des deux compatriotes auxquels nous nous étions joints à Munster, s'étoit chargé de nous servir de trésorier et de guide, pendant la route. Quand à l'administration de nos finances, il est au-dessus de tout reproche ; mais pour la direction de nos courses, nous avons pu l'accuser

---

* Il en est séparé depuis 1795.

d'avoir perdu la carte en Franconie, car il nous fit décrire une ligne très-tortueuse.

De Bamberg, nous vinmes à Culembach. Je ne me rappelle cette ville Prussienne, que pour avoir fait attention au vieux château de Plassenbourg, situé sur une montagne voisine et rempli de prisonniers François. Au sortir de ce lieu, un officier républicain nous marqua le désir de nous accompagner jusqu'à une certaine distance; il fut le bien venu. Il envioit notre condition; tant il étoit affaissé sous le poids de la sienne. Qu'il faisoit beau l'entendre prononcer le panégyrique des Allemands! C'étoit, selon lui, une nation rude et âpre, chez laquelle le froid climat éteignoit le feu du génie, ternissoit les grâces de l'esprit, tenoit le germe de la politesse dans l'engourdissement et l'empêchoit d'éclorre. On peut bien accuser de partialité quelqu'un qui a le chagrin de se voir détenu au milieu d'un peuple étranger; mais je pense que sa critique n'étoit pourtant pas dénuée de fondement.

Plus nous approchions de la Bohême, plus il nous sembloit que l'air sauvage des habitants s'épaississoit. Aux frontières de ce Royaume, on nous fit escorter d'un soldat, qui nous conduisit jusqu'à Egra.

Cette ville, que les Allemands nomment *Eger*, et les Bohémiens *Cheb*, passe pour une place forte ; mais les hauteurs qui la dominent, donnent bien de l'avantage à ceux qui l'assiègent. Après plusieurs mutations, elle appartint aux rois de Bohême et eut part aux longs troubles des Hussites. Ce fut dans ses murs que Ferdinand II, en 1634, fit périr le célèbre Walstein, cet homme singulier, qui avoit fait chanceler la fortune de Gustave et vouloit dépouiller l'Empereur d'un de ses royaumes.

Un évènement plus récent rend Egra remarquable dans notre histoire. Ce fut à Egra que le Maréchal de Belle-Isle termina, le 26 Décembre 1742, la fameuse retraite de Prague, qui lui a fait tant d'honneur.

Tout ceci néanmoins ne m'occupoit pas tant que ma situation présente ; elle dépendoit de la sentence que prononceroit le Commandant de la ville. L'accueil honnête dont il nous honora, avoit été de bon augure : cependant, le lendemain il nous envoya sa voiture, qui nous conduisit, non en Bohême, mais en Bavière ; et au bout de deux heures, nous étions à Waldsassen, riche abbaye à l'extrémité du Haut-Palatinat.

Le Commandant d'Amberg, où nous

arrivâmes deux jours après, bien que compatriote, nous reçut fort brusquement. Il nous permit pourtant de nous enfoncer dans un pays que l'Electeur avoit ouvert aux François; et hâtant une marche que la mauvaise saison rendoit fort désagréable, nous dirigeâmes nos pas vers Ratisbonne. Après avoir manqué le premier but, il avoit fallu s'en faire un second; c'étoit de nous arrêter dans cette ville Impériale. Elle regorgeoit déjà d'étrangers; et ce ne fut que par ruse, que nous parvînmes à y entrer.

Je ne vous dis rien de Ratisbonne, que je ne connois pas encore. Mon premier soin a été de vous écrire, pour calmer vos inquiétudes et celles de mes parents, à qui je vous prie de communiquer ma lettre, afin qu'ils soient instruits de ma position actuelle.

LETTRE DU PRECEDENT

A SON PÈRE, A RHEIMS.

De Ratisbonne, 1 Mai 1795.

Vous me félicitez, mon cher père, d'avoir pénétré si loin dans l'Allemagne, et vous avez raison. Dans quel embarras ne me serois-je pas trouvé, si j'avois suivi mon premier projet de me retirer à à Amsterdam? Les éléments, qui repoussèrent jadis Louis XIV de la Hollande, y ont introduit Pichegru. Ma seule ressource eût été de passer en Angleterre. Ai-je perdu au change, en venant à Ratisbonne? Je n'en sais rien. Il est vrai, que cette ville pourroit bien ne pas offrir, pour toujours, un asyle sûr à ceux qui aiment le repos. Nous n'étions pas même ici dans une sécurité parfaite pendant cet hyver. Le froid rigoureux n'a pas engourdi le courage bouillant des François: Manheim fut inquiétée, et ses flèches prises. Quand donc arrivera cet heureux jour, qui mettra fin aux agitations de l'Europe ? Faut-il regarder comme des préludes de la paix générale, celle que la France vient de conclure avec la Toscane et la Prusse ? On parle même fortement de celle d'Espagne. Puisse la ville de Basle voir succéder un congrès général à des négociations partielles !

Vous êtes étonné que je sois si stérile sur les particularités de Ratisbonne, dont le nom porte l'idée d'une ville intéressante. Ce mot d'*intéressant* peut bien convenir aux objets de politique, qui se traitent dans les salles de la Diète ; mais hors de-là, il est permis d'appliquer à cette ville ce que la Fontaine a dit des bâtons flottants :

» De loin, c'est quelque chose ; et de près, ce n'est rien.

L'Hôtel-de-ville, où se tiennent les Diètes de l'empire, depuis 1663, est un édifice bâti dans un goût détestable, et que la main du temps menace d'écraser sous ses ruines.

Les églises Catholiques sont assez bien décorées en dedans, excepté la Cathédrale, dont la beauté n'est qu'extérieure. Son architecture a de grands traits, sous une forme gothique : quelques uns pourtant lui préfèrent celle du pont de pierre, sur le Danube, qui joint Stadt-am-Hof à

Ratisbonne. Il a dix-sept arches et sa longueur est de cinq cents pas. A droite et à gauche de ce pont, sont deux isles, formées par le fleuve, sur lequel il est construit ; on les appelle, l'une *Ober-Wert*, l'autre *Nieder-Wert*.

Le nombre des Représentants à la Diète, déjà fort considérable, le seroit bien davantage, si un seul n'étoit pas souvent chargé de plusieurs procurations. La ville de Ratisbonne fournit, à elle seule, cinq votants ; la ville, les deux Abbesses d'Ober et de Nieder-Munster ; le Prince-Abbé de Saint-Emeran, et le Prince-Evêque.

Ce dernier, de la famille Suisse des Schroffenberg, réunit les deux évêchés de Ratisbonne et de Freysingue. C'est à ce prélat bienfaisant, que les François fugitifs doivent l'asyle qu'ils ont trouvé en Bavière, et sa personne leur est chère. Ce prince a renoncé à toute représentation ; il préfère ici se loger dans une maison particulière, où il se renferme modestement dans le sein d'une société choisie. Le luxe et le faste sont des mots inconnus dans cette paisible Cour. On y a pourtant laissé à l'étiquette quelques uns de ses droits ; mais afin que les emplois ne sortent pas de la famille, son Altesse a confié à son neveu les fonctions de Grand-

Maréchal. Ce jeune homme, dont j'ai fait la connoissance, m'a donné quelques idées, que je cherche dans ce moment-ci à effectuer. Permettez-moi de ne vous en faire part, que lorsqu'elles seront passées de l'état de chimère, où elles sont encore, à celui de réalité.

Il est ici une autre Cour plus brillante; c'est celle du prince de la Tour et Taxis. L'ancienneté de sa Maison, qui remonte au douzième siècle; une fortune encore ample, malgré ce que les circonstances actuelles lui ont ôté; l'honorable fonction de représenter le chef de l'Empire à la Diète; tout concourt à lui donner dans le public une considération, à laquelle ajoutent beaucoup ses qualités personnelles. Vous savez qu'il possède, comme fief de l'Empire, la charge de directeur général des postes. Ce fut sous Maximilien I, que François de Taxis, mort en 1518, s'occupa du premier établissement des postes, qu'on peut mettre au rang des plus grands services, qu'un particulier ait rendus à un vaste état. Ses descendants n'ont rien oublié, pour porter à la perfection un ouvrage si heureusement commencé. Un zèle si louable meritoit à cette famille une récompense éclatante : aussi fut-elle élevée par Léopold 1 à la dignité *Princière*. La direction du prince Taxis ne s'étend pas cependant à toutes les postes de l'Allemagne. Celles de Brandebourg, de Hesse-Cassel, et de Saxe ressortissent immédiatement de leurs Souverains respectifs, et celles du Tyrol de la Maison d'Autriche.

Je ne sais comment répondre à la question que vous me faites, si je me loue de mon existence à Ratisbonne. Sans doute que si je pouvois m'en créer une autre, elle auroit beaucoup de rapports agréables et avantageux, que n'a pas celle dont je suis obligé de me contenter aujourd'hui. Mais depuis que je me trouve à la merci des évènements, la résignation est devenue chez moi un besoin, et j'ai tâché de convertir ce besoin en habitude. D'après cette souplesse, que j'ai donnée à mon humeur, il m'en coûte moins pour me plier au caractère, aux usages, et à la manière de vivre du peuple chez lequel j'habite. Il faut renoncer ici à la sensualité françoise, et apprendre à être carnivore. Le lourd quadrupède charge, presque toujours, la table du Bavarois, et malheur à quiconque ne peut s'accommoder de *Sauer-Kraut*. On n'a pas moins à se contraindre la nuit que le jour ; car, quant au coucher, figurez-vous un lit fort étroit, et encore plus court, avec un plumeau bien enflé, bien arrrondi. C'est sous cette énorme masse, qu'il faut se blottir, s'étouffer, et se condamner à une gênante immobilité, si vous ne voulez pas qu'au moindre mouvement tous vos membres vous échappent.

J'ai attendu avec impatience que la nature, si long-temps morfondue sous un tas de glaces et de neige, se dégageât de ces entraves, pour juger de la température de ce pays-ci. Elle n'a rien de gracieux: envain levè-je les yeux au ciel; il est souvent ténébreux. Le soleil ne luit que pour faire murmurer l'instant d'après contre le nuage, qui se met entre lui et la terre; et on soupire après l'orage, seul capable de balayer ces amas d'eau, qui traversent les airs. Le Danube, ce voisin humide, répand ses épais brouillards sur Ratisbonne, et y replace les frimats de l'hyver, au milieu du printemps.

Il n'est peut-être pas de ville, qui ait moins l'air d'en être une, que celle où je demeure maintenant. Elle est si mal bâtie, qu'il semble que le hazard ait décidé de la situation des maisons, et que le mauvais goût ait présidé à leur construction. On y en compte deux mille cinq cents, avec deux mille habitants. Les Catholiques y sont en nombre supérieur, mais tolérés seulement ; et pour tirer parti de leur industrie, ils sont obligés de la cacher au public.

Mon séjour à Ratisbonne ne sera probablement plus de longue durée. J'ai écrit outre mer ; la réponse ne tardera pas à arriver, et elle vous sera communiquée aussi-tôt qu'elle me parviendra. Souffrez que je vous laisse l'énigme à deviner.

DU MEME AU MEME.

De Ratisbonne, 19 *Juin* 1795.

JE pars pour Malthe, si vous me le permettez ; tous les obstacles sont levés, et il ne manque plus que votre consentement, pour entreprendre le voyage que je méditois depuis long-temps. Il faut vous instruire des démarches que j'ai faites à ce sujet, et du succès qu'elles ont eu.

Mon Gouverneur, aussi curieux de m'accompagner à Malthe que moi d'y aller, s'en ouvrit un jour à M.ʳ Limont, que vous connoissez et que nous voyons souvent. Ce brave ami saisit avidement cette idée, et se chargea de nous procurer des renseignements. Le neveu du Prince-Évêque, dont je vous ai parlé dans ma dernière, nous indiqua M.ʳ le Chevalier de Bray, de la Langue de France comme moi, qui, en qualité de confrère, voulut bien s'intéresser vivement à ce qui me regardoit. D'après son conseil, j'écrivis à Malthe à M.ʳ l'abbé Savoye, secrétaire de l'Ordre, et voici quelle fut sa réponse : » que le Grand-Maître accueilloit tous ceux de ses Religieux, qui se rendoient au couvent ; qu'en arrivant à la Valette, je pouvois compter sur trois louis par mois, c'est-à-dire, sur ce que reçoivent tous les François attachés à la Religion ; qu'à l'égard de mon Gouverneur, son Eminence lui permettoit l'entrée de l'isle, où il trouveroit infailliblement des ressources. »

Il n'en falloit pas davantage pour combler ses désirs ; il s'estimoit heureux d'avoir accès dans un pays curieux et intéressant. De mon côté, il me tarde de voir ces villes et ces campagnes d'Italie, dont on prône tant les merveilles, d'aller juger par moi-même de ce que les navigateurs racontent de la mer, et d'aborder enfin sur ce rocher isolé, où personne ne viendra me troubler. Car, qui viendroit insulter cette isle, où est écrite de toutes parts la honte de Soliman? Je ne serai donc plus obligé d'étudier chaque jour dans la nature des évènements ma destinée du lendemain. Plaignant les malheurs du Continent, je me féliciterai de ne voir que de loin les agitations auxquelles il est en proie. Rien de plus ennuyeux, de ne compter ses années que par de nouvelles courses; à celles que j'ai faites, je veux en ajouter une assez longue, pour qu'elle devienne le terme de toutes. Mais, quelque pressant que soit mon désir, je saurai le réprimer, si, voyant par d'autres yeux que par les miens, vous m'engagez à renoncer à mon voyage. Quelque soit votre décision, jamais je n'aurai à me reprocher de ne l'avoir pas suivie. Seulement, je vous conjure de ne pas tarder à prononcer; parce qu'en cas que vous approuviez notre projet, nous souhaitons profiter de la belle saison, pour l'exécuter.

En attendant avec impatience votre réponse, je suis. . . . .

LETTRE DE M.ʳ ANOT

A M.ᵐᵉ MALFILLATRE, A RHEIMS.

De Ratisbonne, 13 *Juillet* 1795.

Madame,

C'est demain que nous quittons Ratisbonne. Nous allons faire un assez long voyage; mais comme nous avons eu le temps de prendre nos mesures, il n'aura pas les inconvénients qu'entraîne ordinairement avec lui un départ forcé, ou précipité. Je ne vois rien de plus avantageux pour Malfillatre que ce changement de position; c'est pourquoi, je vous supplie de ne pas vous livrer à des inquiétudes inutiles et de renvoyer au chapitre des chimères ces craintes, dont la tendresse maternelle, dites-vous, ne peut se défendre, à la vue du trajet que nous entreprenons. Ces sortes de dangers sont trop éloignés et trop peu probables, pour contrebalancer le poids des raisons qui nous déterminent et dont vous reconnoissez vous-même la solidité! Au reste, vous me rendez justice, en supposant que votre fils trouvera en moi tous les secours qui lui seront nécessaires; et, Dieu aidant, j'espère, dans deux mois, vous instruire de notre heureuse arrivée à Malthe.

M.r le Chevalier de Bray nous a vraiment servis en bon ami; il se trouve maintenant à Tischingen, à la Cour du prince de Taxis. Nous lui avons écrit, pour lui faire, encore une fois, nos remerciements et nos adieux. Les siens ont été un nouveau service : il a demandé pour nous à son Altesse la franchise des postes jusqu'à l'entrée du Tyrol, et le bon prince nous l'a accordée. M.rs de Thurn et de Toerring, l'un Grand-Doyen, l'autre Chanoine de la Cathédrale de Ratisbonne, nous ont donné des lettres de recommandation pour leurs frères, qui sont à Malthe. Nous désirions en avoir pour Venise, où nous nous proposons de nous embarquer, et nous les avons trouvées dans la complaisance du Marquis de B***, qui nous a adressés à M.r De los Campos, Ministre d'Espagne près la République.

Rien ne nous empêche donc de nous mettre en route. L'avantage le plus séduisant que présente Malthe, c'est la presqu'impossibilité d'y être troublé par la guerre, quelque générale qu'elle soit en

Europe. Le pays n'a rien à démêler avec les puissances belligérantes, et dans le temps que les Etats d'Italie se sont déclarés contre la France, le Grand-Maître de Roban a fait publier un Manifeste énonciatif des raisons qui le portoient à garder la neutralité.

Je vous prie de faire passer l'incluse * à ma famille. Ma bonne mère a, comme vous, le beau défaut de trop s'inquiéter ; elle s'imagine que je vais au bout du monde.

---

* Cette incluse, ainsi que plusieurs autres lettres de Mr. Anot à ses parents, n'a pas été insérée dans ce recueil. Elles roulent souvent sur des objets qui n'ont aucun intérêt pour tout autre que pour lui.

LETTRE DE M.r ANOT

a M.r Limont, a Ratisbonne.

De Venise, 3 Aoust 1795.

Monsieur,

NE me sachez pas mauvais gré de la lettre, peut-être trop longue, que je commence. C'est pour moi un besoin de vous écrire, et je suis trop plein du souvenir des services que vous m'avez rendus, pour ne pas m'entretenir avec vous, au moins sur le papier. De votre côté, vous avez été assez bon, pour me suivre par la pensée: car, telle est la force et l'effet de l'amitié qu'elle réunit les personnes, en dépit des distances qui les séparent. Mais vous n'aurez pas toujours été assez exact dans vos calculs, pour me supposer où j'étois réellement, parce que souvent j'ai tenu une route différente de celle que j'avois tracée.

Je ne vous dirai rien de Landshut, ni de Freysingue; vous avez vu ces deux petites villes et vous savez qu'elles se font à peine remarquer, mais vous pouvez regretter de n'avoir pas poussé vos pas jusqu'à Munich, séjour des Electeurs.

Le palais, élevé avec une dépense incroyable par Maximilien, passe pour un des plus commodes qu'il y ait en Europe : ce doit être aussi un des plus grands, puisqu'on y compte deux mille fenêtres. Il y a un défaut choquant, c'est l'irrégularité dans son tout. Le roi de Suède, maître de Munich, admiroit dans ce vaste édifice, entr'autres chefs-d'œuvre, une cheminée de stuc, dont l'ouvrage le *charmoit*; c'étoit son expression. Un Seigneur qui l'accompagnoit, lui conseilla d'enlever du château cette pièce et tout ce qui lui plaisoit; puis, de faire raser ce bâtiment. Cet avis étoit digne d'un descendant des Goths; heureusement le prince le rejetta avec indignation, honteux peut-être qu'on le soupçonnât de faire la guerre aux beaux arts.

Vous savez que nous nous proposions de voir M*. l'Evêque de Chersonèse, Conventuel et Commandeur de l'Ordre de Malthe; il nous reçut avec bonté et nous procura, en qualité de Trésorier de l'Electeur, le plaisir de considérer cet amas de richesses qui composent le Trésor. On les évalue à sept millions. Ce qu'on admire le plus, est un Chevalier Saint-George, d'agathe ; dans son équipage, sa selle, et deux autres figures, il y a deux mille deux cent quatre-vingt-onze diamants, quatre cent six rubis et deux cent neuf perles. Il me seroit impossible de me rappeller toutes les pièces rares et précieuses qui m'ont frappé les yeux. .... Au milieu de cette curieuse collection, a été placé un petit modèle en marbre de la Colonne Trajane. C'est un chef-d'œuvre exécuté par un Romain, qui n'auroit probablement pas recouvré aisément les fonds qu'il y avoit consacrés, si l'Electeur actuel ne s'étoit trouvé à Rome, lorsque cet artiste exposoit en vente le pénible et riche fruit de ses veilles et de son habileté.

De la Salle du Trésor, nous passâmes dans le Cabinet d'Antiques ; il renferme des objets intéressants sans-doute, mais qui demanderoient à être contemplés et étudiés à loisir. .... On ne manque pas de montrer, dans l'intérieur des appartements, le lit où reposa Pie VI, à son retour de l'inutile voyage de Vienne.

Munich a de belles places, des rues bien percées et des édifices magnifiques ; cependant, il est des endroits qui inspirent la tristesse par la détestable architecture et la couleur rembrunie des maisons. Je ne jugerai pas des mœurs de cette Capitale ; mais ce que j'en ai appris, prouve que les mauvais principes y ont bien des partisans et la corruption bien des victimes, puisqu'on ne cherche pas même toujours à sauver les apparences.

En quittant cette ville, nous partimes pour Ausbourg et bientôt nous apperçumes le Château de Nimphenbourg, où se trouvoient alors le *vieil* Electeur et la *jeune* Electrice. * Il est situé dans une plaine agréable, telle que la Bavière en présente plusieurs. En général, le pays est fertile, et je ne suis point étonné que les revenus de cet Etat montent à plus de dix millions, sur-tout en considérant le profit qu'il tire des Mines. Quelque soit la fécondité du sol, le paysan n'en est pas mieux logé ; ses maisons n'ont pour murailles que des poutres posées horizontalement les unes sur les autres, et son costume est aussi singulier que son habitation est misérable.

---

* Charles-Théodore, âgé de 71 ans, épousa en 1795, Marie, fille de l'Archiduc Ferdinand, Gouverneur de Milan : cette Princesse n'avoit que 18 ans!

Ausbourg a de quoi satisfaire la curiosité d'un étranger. L'Hôtel-de-ville plaît par sa régularité et frappe par sa longueur de cent dix pieds; on y va voir une Salle pavée de marbre blanc et percée de cinquante-deux fenêtres.

La Cathédrale n'est pas sans mérite. Sur une inscription, est marqué le jour où le Pape actuel y a célébré la messe en 1782, quand il passa par cette ville pour regagner l'Italie, après un assez long séjour à la Cour de Joseph II. Vous n'ignorez pas combien on rendit d'honneurs à ce respectable Pontife, dont les vertus forcèrent l'admiration de ceux-mêmes qui ne le reconnoissoient point pour leur Chef spirituel.

J'étois à Ausbourg, et j'allois à Malthe. Le rapprochement de ces deux idées en réveilla dans ma mémoire deux autres, qui co-incidoient pareillement. Ce fut la même année, en 1530, que cette Isle fut donnée à l'Ordre de Saint-Jean par Charles-Quint, et que les Protestants présentèrent à cet Empereur, dans la ville dont je vous parle, leur fameuse Confession de foi, rédigée par Mélancthon. Cet acte éclatant, par lequel les partisans des nouvelles opinions sanctionnoient leur séparation de l'Eglise Romaine, n'empêcha pas qu'une grande partie des habitants d'Ausbourg ne restât unie au Saint-Siège, et la magistrature aujourd'hui est composée d'un nombre égal de Catholiques et d'Evangélistes.

Les beaux ouvrages d'orfévrerie et d'horlogerie qui se fabriquent à Ausbourg ; cette quantité prodigieuse de Cartes géographiques qu'on y grave, et de livres, en tout genre, qu'on y imprime ; les statues superbes qui décorent les places de cette ville impériale ; tout prouve clairement le bon goût, les talents, l'activité et l'industrie des habitants.

Mais laissons cette ville, et reprenons notre première direction du Nord au Midi. Avant d'arriver dans les pays chauds, il me restoit encore à franchir bien des glaces ; elles ont établi leur séjour, presque continuel, dans différents endroits du Tyrol. C'est à Füessen, que la nature change d'aspect et que le sol s'élève. Un de ces monts sourcilleux semble vouloir arrêter tout court le voyageur ; au moins jàdis avoit-il sa racine prolongée jusques dans le lit du Lech, de sorte que les voitures étoient obligées de se jetter dans la rivière, afin de tourner cette montagne. Joseph II fit abattre ou sauter la partie saillante de cet énorme rocher, pour laisser le passage libre; et une inscription, gravée sur le flanc de cette roche mutilée, atteste le service que l'Empereur a rendu au public.

Comment vous peindre ces Alpes Tyroliennes, dont l'aspect est si imposant? Figurez-vous des chaînes de montagnes, dont la cîme se confond avec les nuages qui les enveloppent, présentant d'un côté l'Hiver avec ses neiges, tandis que de l'autre le printems à la douce haleine, et l'automne libérale apportent leurs donssur ces rocs escarpés, et reculent les bornes de son empire. Ici, des rochers arides et déserts, que le soleil n'a jamais vus; là, des collines riantes et habitées, ou de longs rangs de vignobles qui regardent l'astre du jour et en reçoivent la chaleur avec la fécondité. C'est à chaque pas un torrent qui roule en cascade sur la pente de la montagne, si elle en a une; et si le sommet du rocher comine sa bâse, c'est comme un fleuve qui se précipite du haut des airs dans la plaine, pour s'enfoncer avec fracas dans un abyme que sa chûte a creusé. En ces lieux, la nature verse ses richesses dans une profusion sauvage; on y passe rapidement d'une saison à l'autre. Tantôt, on apperçoit quelques chaumières qui annoncent la misère; tantôt, les

fleurs

fleurs et les fruits couvrent la terre, et on trouve le plus riant des villages. Elevé au-dessus de lui-même, le voyageur reste immobile, et se livrant à des pensées aussi majestueuses que les objets qui l'environnent, il oublie ses foyers, et voudroit couler ses jours sous ces heureuses cabanes.

« . . . Suivez-moi vers ces âpres montagnes,
» Formidables déserts, d'où tombent les torrents,
» Où gronde le tonnerre, où mugissent les vents. . . «
» Jusques dans ses horreurs la nature intéresse.
» Nature, ô séduisante et sublime Déesse,
» Que tes traits sont divers ! Tu fais naître dans moi
» Ou les plus doux transports, ou le plus saint effroi.
» Tantôt, dans *les* vallons, jeune, fraîche et brillante,
» Tu marches, et des plis de ta robe flottante
» Secouant la rosée et versant les couleurs,
» Tes mains sèment les fruits, la verdure et les fleurs. . . «
» Tantôt, dans les déserts, divinité terrible,
» Sur des sommets glacés plaçant ton trône horrible,
» Le front ceint de vieux pins s'entrechoquant dans l'air,
» Des torrents écumeux battent tes flancs ; l'éclair
» Sort de tes yeux ; ta voix est la foudre qui gronde,
» Et du bruit des volcans épouvante le monde.

DELILLE.

Tel est le Tyrol, ce tableau des contrastes, où la nature en effet a peint tous ses caprices et déployé toute la force de son génie.

Nous arrivâmes à Inspruck, le 24 Juillet au soir. Quel fut notre étonnement, le lendemain matin, de nous voir entourés de neige, tandis que l'air que nous respirions, étoit ardent !

L'hyver étoit descendu la nuit sur les montagnes, et l'été dominoit dans la ville. Nous la parcourûmes, et on nous indiqua pour la principale merveille le *toit d'or*; c'est le nom qu'on donne à la riche coupole d'une église, où l'on remarque, entr'autres objets intéressants, les statues de plusieurs Empereurs et Impératrices, en bronze et de grandeur naturelle.

On sent bien que les eaux qui tombent de si haut dans ces contrées aëriennes, se prêtent à toutes les directions qu'on veut leur donner. En facilitant le jeu de diverses machines hydrauliques, elles favorisent l'industrie des habitants. Les Tyroliens

« *Guident* dans des canaux leur onde apprivoisée,
» *Qui*, tantôt réunie et tantôt divisée,
» . . . Tourne la roue, élève les marteaux,
» Et dévide la soie, et dompte les métaux,
» Là, docile ouvrier, le fier torrent façonne
» Les toisons de Palès, les sabres de Bellone. . . .
» Tout vit; j'entends par-tout retentir les échos
» Du bruit des ateliers, des forges et des flots.
» Les rocs sont subjugés, l'homme est grand, l'art sublime;
» La montagne s'égaye, et le désert s'anime.   Delille.

Ces avantages sont accompagnés d'un inconvénient assez général ; c'est une espèce de tumeur spongieuse qui vient à la gorge, et défigure beaucoup d'habitants de ces pays humides. Ils n'en jugent pas ainsi ; et s'il falloit les en croire, cette difformité seroit le sceau d'une beauté parfaite Un Anglois, fort bien fait et d'une jolie figure, passant par le Tyrol, attira tous les regards. *Quel bel homme*, disoient les Montagnards, en contemplant l'Insulaire transporté parmi eux, *il ne lui manque qu'un goître !* Il est donc vrai, là plus que par-tout ailleurs, qu'il ne faut point disputer des goûts.

Le chemin qui nous mit hors d'Inspruck, est une Spirale très-longue ; elle élève et n'éloigne pas. Au bout d'une heure, nous n'étions encore qu'au dessus de la ville que nous venions de quitter. C'est-là, à cette hauteur, qu'on jouit d'une belle prespective ! La vue enfile une vallée pittoresquement dessinée et terminée par le superbe bourg de Hall.... Les yeux descendent au milieu des habitations champêtres jettées çà et là, remontent sur des grouppes de collines couronnées de verdure, ou se reposent sur des côteaux couverts de troupeaux nombreux. Quelles riches sources d'idées pour un

Virgile ou un Delille!

La première ville qui se présenta sur notre route, fut Brixen, triste endroit, où rien n'intérese. Je crus que la Cathédrale auroit au moins l'apparence d'un édifice; ce n'est qu'un oratoire de médiocre grandeur. — Continuons notre voyage, toujours les oreilles étourdies de la chûte des torrents. On s'imagineroit, la nuit sur-tout, que la nature est en fureur. C'est au milieu de ce bruit épouvantable qu'elle enfante les fleuves. Nous vîmes naître l'Adige, qui doit son origine aux eaux, que versent dans les vallées les monts Tyroliens, et nous le suivîmes jusqu'à Trente.

Cette ville dérive son nom de trois ruisseaux, qui y arrivent des montagnes voisines. Sa fondation est attribuée aux Etruriens; Pline l'a connue, mais cette ancienneté la rend bien moins fameuse que le dernier Concile général. Nous courûmes avec empressement à l'église où il s'est tenu; elle s'appelle *Sainte Marie Majeure*. L'édifice est petit et bâti d'un triste marbre, qui n'est que dégrossi. Il est étonnant, qu'on ait choisi un emplacement si resserré pour une réunion aussi nombreuse de personnes illustres. De-là, nous allâmes à la Cathédrale, et on nous y montra un crucifix, sous lequel le Cardinal de Lorraine, Archevêque de notre ville de Rheims, prononça, à haute voix, au mois de Décembre 1563, ces acclamations touchantes, qui terminèrent cette célèbre assemblée. Les Pères y répondoient de même, témoignant, par leurs larmes, la joie qu'ils ressentoient de voir la fin de ce Concile, commencé dix-huit ans auparavant. L'époque de cette cérémonie édifiante est marquée dans une inscription, gravée sur le bord intérieur de la coupole de l'Eglise.

Pour gagner l'Italie, nous descendîmes l'Adige sur une *Zatta*; c'est un radeau, composé de poutres attachées l'une à l'autre, qui sert à transporter les marchandises et les passagers. Ce fut bien faute d'autre moyen, que je me servis de celui-là. Nous nous embarquâmes donc sur ce coche-d'eau de nouvelle espèce, nous laissant emporter par la rapidité du fleuve, qui n'avoit pas encore dépouillé sa première nature, celle d'un torrent furieux. A chaque instant, il étoit à craindre que la *Zatta* n'allât heurter contre ces amas de rochers, entre lesquels nous devions naviguer. Au bout de quelques lieues, l'Adige est resserré par deux énormes masses de montagnes, qui se courbent, front contre front, l'une vers l'autre, jusqu'à former une voûte menaçante, qui obscurcit le jour et inspire l'effroi. C'est le dernier effort de la nature, de ce côté. Si-tôt qu'on a franchi ce dangereux détroit, on respire, le sol s'applanit, et une vaste campagne s'ouvre de toutes parts. Adieu l'Allemagne et ses forêts ; nous voici en Italie.

« Salve, magna parens frugum, Saturnia tellus,
» Magna virûm !
Géorg. II.

La première ville que nous y saluâmes, fut Vérone. Avant d'y aborder, notre frêle navire devoit passer sous ce pont dont l'écroulement, causé par une débacle, donna jadis lieu à un trait d'humanité bien attendrissant. * Je repassois le

---

* « Dans un débordement de l'Adige, un des
» ponts de Vérone venoit d'être emporté, à l'ex-
» ception de l'arche du milieu, sur laquelle étoit
» une maison qui renfermoit une famille entière.
» On la voyoit du rivage tendre les mains, et
» implorer du secours. Cependant, la violence
» du torrent détruisoit, à vue d'œil, les piliers
» de l'arcade. Dans ce danger extrême, le Comte

fait dans mon esprit, mais ce n'étoit pas cette idée là seule qui m'occupoit. Huit jours auparavant, le même pont avoit été

» de Spolverini propose une bourse de cent
» louis à quiconque aura le courage d'aller sur
» un bateau délivrer ces malheureux. On risquoit
» d'être entraîné par la rapidité du fleuve, ou
» écrasé par les ruines de l'arche, en abordant
» dessous. Le concours du peuple étoit grand, et
» personne néanmoins n'osoit s'offrir. Dans cet
» intervalle, passe un villageois; on l'instruit de
» l'entreprise proposée et de la récompense qui
» y est attachée. Il monte aussi-tôt dans une bar-
» que, gagne, à force de rames, le milieu du
» fleuve, aborde et attend que toute la famille,
» à l'aide d'une corde, se soit glissée dans son
» esquif. *Courage*, s'écria-t-il, *vous voilà sauvés!*
» Il rame, surmonte l'effort des eaux et regagne
» enfin le rivage. Le Comte veut lui donner la
» récompense qu'il avoit méritée. *Je ne vends*
» *pas ma vie*, répond le villageois; *mon tra-*
» *vail suffit pour me nourrir, moi, ma femme*
» *et mes enfants : donnez cet argent à cette*
» *pauvre famille, qui semble en avoir grand*
» *besoin.* Cette action est plus que généreuse,
» elle est sublime.

fatal à quelques voyageurs dont la *Zatta* avoit donné maladroitement contre l'angle d'une arche. L'effet de cette horrible secousse avoit été la mort de ceux au secours desquels on ne put venir assez tôt, et que l'Adige engloutit. Nous avons été plus heureux, ou plus habiles.

Vérone paroît avoir été bâtie par les Rhétiens. Martial en parle comme d'une ville considérable :

« Tantum *magna* suo debet Verona Catullo,
» Quantum parva suo Mantua Virgilio.

Le père du Grand Pompée y conduisit une colonie, qui fut renouvellée sous Gallien. Après bien des révolutions, qui lui furent souvent désavantageuses, Vérone passa aux Vénitiens en 1409. Cent ans après, elle fut environnée de bastions et de larges fossés, avec trois châteaux, qui sont assez forts. Son enceinte est de deux lieues, et elle renferme quarante mille habitants.

L'Adige la divise en deux parties, dont la communication est établie par trois ponts magnifiques. Le plus beau est celui de *Castelvecchio*; il a trois cent cinquante-neuf pieds de long, sur trois arches, dont l'une a cent quarante-cinq pieds d'ouverture.

Je n'ai pas manqué d'aller voir l'*Amphithéâtre*, le plus entier de tous ceux qu'on connoisse en Europe, quoique sa fondation remonte à Auguste, ou, selon d'autres, à Trajan. Il est de forme ovale, et pouvoit contenir vingt-quatre mille spectateurs : on y comptoit jadis quatre rangées de portiques et de colonnes, entremêlées de statues, et dix-huit grandes portes y donnoient entrée. Le mur intérieur est resté intact, excepté le premier gradin, qui s'est enfoncé sous terre. Le Marquis Maffei a réparé les quarante-quatre autres; ils sont larges de vingt-six pouces sur dix-huit de hauteur, d'un marbre rougeâtre et veiné. On voit encore les galeries, les escaliers, les loges où on tenoit les bêtes féroces : elles ne l'étoient guères plus que ceux qui aimoient à se repaître, pour ainsi dire, de leur sang et de celui de leurs semblables.

L'Arêne * a deux cent vingt-cinq pieds

---

* Voici ce qu'en a dit, depuis notre voyage, le Conquérant de l'Italie, dans une lettre écrite aux Directeurs, datée du 15 Prairial, an 4. « Je viens de voir l'Amphithéâtre. Ce reste du » peuple Romain est digne de lui. Je n'ai pû » m'empêcher de me trouver humilié de la

sur une dimension, et cent trente-trois sur l'autre. Aux extrémités du grand axe de cette ellipse, il y a deux grandes portes, et au-dessus une plate-forme, qui étoit destinée, sans doute, aux premiers Magistrats.

Près de-là est le Muséum, ou recueil d'antiquités de l'Académie de Vérone. Au-dessus d'un péristile de six grandes colonnes Ioniques, qui sert d'entrée au Théâtre, on a placé le buste du célèbre Maffei, et on y lit cette inscription :

« *Marchionis Scipionis Maffei, Mu-*
» *sœi Veronensis conditoris, protomen,*
» *ab ipso amotum, post obitum Acade-*
» *mia Philarmonica restituit*, *anno*
» 1755 ».

La Cathédrale n'a de remarquable qu'un Crucifix de bronze fort estimé, et le tombeau du Pape Luce III, où est gravé cette courte Épitaphe : *Ossa Lucii*. Sur le portail de l'Église, on voit la figure de Roland, et sur son épée on distingue ce

---

» mesquinerie de notre Champ-de-Mars. Ici,
» cent mille spectateurs sont assis, et entendroient
» l'Orateur qui leur parleroit ».

mot *Durindana* dont l'Arioste parle tant dans son poëme.

Cette ville a produit un grand nombre de Savants illustres, sous l'ancienne Rome, et depuis la renaissance des lettres en Europe. Tels sont Catulle, Cornelius Nepos, Vitruve, Pline le Naturaliste, qui font sûrement honneur à leur patrie. Cette gloire reçut un nouvel éclat par l'érudition de Scaliger et les talens de Paul-Véronèse dans la peinture. C'est dans ces murs que naquîrent aussi deux Empereurs fameux, l'un par plusieurs vertus, l'autre par un amas de vices détestables; ce sont Vespasien et Domitien.

Au milieu de Vérone, mais presqu'inconnu à Vérone même, languit dans la plus profonde retraite, le Comte de Lille. Sa manière de vivre est toute privée et analogue à sa situation.

Il s'agissoit d'arriver à Venise, et je fus obligé de suivre l'usage du pays et de m'adresser aux *Vetturini*. Quelle espèce d'hommes, que ces voituriers particuliers, et de quelle hardiesse ne faut-il pas s'armer, pour livrer ses effets, et sa personne à des gens, dont celui qui paroît le moins à redouter, n'a que l'ébauche de la probité sur sa figure? Sitôt qu'ils apperçoivent un étranger, ils l'accablent d'offres de services. Vous croiriez qu'ils vont se donner pour rien, tant ils sont curieux de conduire, quelque part que ce soit, *l'illustrissimo Signore*. Il fallut donc faire marché; tant bien que mal, avec l'un d'eux; mais je fus cruellement trompé par le perfide Italien, qui nous donna la plus abominable voiture qu'on puisse imaginer. Comme il m'avoit abandonné les rênes, je pressois de temps en temps nos rossinantes; elles n'avoient pas plutôt commencé à courir, que notre *Vetturino*, craignant que je ne les tuasse, me crioit: *ferma, ferma!* N'auriez-vous pas cru, comme moi, que ces mots vouloient dire *ferme, courage*? Point du tout; cela signifioit *arrête, pas si vîte*. Pensant avoir bien compris, et me jugeant autorisé par le voiturier, je forçois de plus en plus nos coursiers de précipiter leur marche. Alors, leur maître au désespoir s'écria:* *maledetti Francesi!* Oh! pour cette apostrophe, je n'eus pas de peine à la comprendre; cependant, je n'en voyois pas davantage la cause de son mécontentement, toujours persuadé que j'étois bien d'accord avec lui, et le quiproquo

---

* Maudits François!

dura d'autant plus long-temps, que je ne pouvois pas m'expliquer.

Ce fut à travers une de ces plaines où tout est charmant, que nous gagnâmes Vicence. L'aménité du pays devroit en communiquer aux mœurs : d'où vient donc que cette jolie ville est renommée par ses assassinats ? L'obscurité des Portiques les rend, dit-on, si fréquents. Si c'est là la véritable raison, il vaudroit mieux sacrifier cet ornement, quelque beau qu'il me paroisse. Je suis pour les portiques ; ils m'ont enchanté à Vicence. C'est-là que triomphe l'architecture avec toutes ses décorations. Le célèbre Palladio, né dans cette ville, l'a portée à sa perfection ; aussi cet endroit est-il comme la galerie de ses ouvrages. Places, églises, palais, tout porte l'empreinte de ce génie ; mais il ne s'est nulle part déployé avec des caractères plus sublimes que dans le Théâtre Olympique. L'avant-scène a quatre-vingt-trois pieds de largeur et vingt-un de profondeur, et sept rues aboutissent à ce *Proscenium*. Le parterre est environné de treize rangs de gradins, dont le premier, dans le contour de son demi-oval, a quatre-vingt pieds, et le dernier quarante. Au-dessus du rang supérieur, est une tribune, qui règne tout autour et peut contenir un grand nombre de spectateurs. Ce chef-d'œuvre passe, aux yeux de bien des connoisseurs, pour la plus belle architecture moderne de l'Italie.

Si le Palladio, mort en 1580, eut présidé à la construction de la Cathédrale, elle ne seroit pas un si triste contraste avec les autres édifices. Cette église est sans bas-côtés, sans majesté, sans goût.

Vicence est une des plus anciennes villes de l'Europe. Bâtie par les Etruriens, agrandie par les Gaulois, elle reçut des Romains le droit de Bourgeoisie. Cicéron et Brutus la protégèrent ; enfin, pour assurer sa tranquillité, elle se donna aux Vénitiens, l'an 1405. Son Université, fondée par Charlemagne, compte dix Collèges, mais le *qui va là* empêche qu'ils ne soient fort fréquentés.

Si j'eusse eu une meilleure voiture, j'aurois été tenté de désirer que la route de Vicence à Padoue ne finît point, tant elle est délicieuse. On va toujours dans une plaine parfumée de l'odeur que répandent les jardins d'alentour : fruits et grains de toute espèce, bled, vin, riz, tout s'offre à vous. Rassemblez les descriptions champêtres qui vous paroissent les plus belles et les plus riches dans Virgile, Fénélon,

Delille, ou autres chantres des délices de la Campagne, et dites: *Telle est l'Italie!* Prenez, en particulier, à la lettre ce que nous lisons dans nos auteurs Grecs et Latins, du mariage de la vigne avec l'ormeau. Une guirlande de pampres qui unit chaque arbre à son voisin, étoit en France une expression poétique, parce que la chose exprimée n'avoit jamais frappé nos yeux; ici, ce n'est point un langage figuré, c'est le mot propre.

Venons à Padoue. Cette cité date de loin, et on a un témoignage brillant de son ancienneté dans Virgile, qui en attribue la fondation à Antenor. Voici comment Scarron traduit l'endroit à sa manière:

« Antenor, sans tirer l'épée,
» Après l'avoir belle échappée....
» A traversé l'Esclavonie;
» Et sa heureuse Colonie,
» Près du pays où l'Eridan
» Rend son tribut à l'Océan,
» A bien et beau fondé Padoue.

Virgile travesti, Liv. I.

Tacite, Strabon et Tite-Live parlent de Padoue comme d'une ville fameuse. Après qu'elle eut été pillée par Alaric et ensuite par Attila en 455, ses habitants prirent la fuite, se retirèrent dans les Lacunes et jettèrent les premiers fondements de Venise. Padoue, rétablie par l'Exarque Narsès, fut encore détruite par les Lombards. Elle se releva de ses ruines, pour se voir soumise à la tyrannie d'Ezzelin, qui y exerça des horreurs au milieu du treizième siècle. Ce monstre est peint dans les vers suivants avec les couleurs qu'il mérite. Il ne faut savoir que le Latin pour les entendre; ainsi, vous en saisirez le sens facilement.

« Ezellino immanissimo Tiranno,
» Che sia creduto figl'o del demonio,
» Farà, troncando i sudditi, tal danno;
» E distruggendo il bel paese Ausonio,
» Che pietosi appò lui stati saranno,
» Mario, Sylla, Neron, Cajo ed Antonio.

L'ARIOSTE, Chant III.

Padoue reçut en 1405 des loix de Venise, qu'elle avoit jadis tirée des eaux. La situation de cette ville est si heureuse, que Jean-Paléologue disoit: « Si l'on n'étoit pas assûré que le Paradis terrestre a été en Asie, je croirois qu'il n'a pu être que dans le territoire de Padoue ». Toutefois, la ville est triste à mourir, et ses longues rues étroites ont l'air de dortoirs obscurs, soutenus par une multitude de piliers courts et massifs.

L'Evêché et le Chapitre de la Cathédrale passent pour être les plus riches de l'Italie : aussi appelle-t-on l'Evêque le *petit Pape*, et les Chanoines les *Cardinaux* de la Lombardie. Ce Chapitre a fourni trois Souverains Pontifes, Eugène IV, Paul II, et Alexandre VIII, tous nés à Venise. Le célèbre Petrarque, mort en 1374, étoit Chanoine de cette église, et on voit son portrait dans la sacristie. Son tombeau est à Arcqua, à quatre lieues de cette ville.

Bien entendu que nous vîmes le Couvent de Saint-Antoine, dont l'église est la seconde pour le rang, mais la première pour la renommée. Ce Taumaturge de son siècle se nomme ici le *Saint* par excellence. Il étoit né à Lisbonne ; il mourut l'an 1231 à Padoue, et ne tarda pas à être canonisé. La chapelle du Saint est ce qu'il y a de plus remarquable ; sa façade est de marbre fin, et ornée de Statues. L'intérieur est un amas de richesses accumulées par la piété des Fidèles, dont le concours est prodigieux.

L'édifice le plus singulier de Padoue est le *Salone*. Il y a une Salle de trois cents pieds de long, sur cent de large et autant de hauteur. Elle renferme plusieurs monuments à l'honneur de Tite-Live et de la marquise *Lugrezia Dondi Orologia*, qui, en 1654, succomba enfin sous les coups d'un amant furieux qu'elle avoit toujours repoussé.

Vous savez ce qu'a dit Pollion de Tite-Live, qu'on voyoit à son style qu'il étoit de Padoue: *Livius sapit Patavinitatem.* Quand même ce jugement viendroit d'une critique juste, il n'empêchera jamais que cette ville ne se glorifie, à bon droit, d'avoir produit cet illustre Historien, dont la réputation attiroit de Cadix ceux qui admiroient ses chefs-d'œuvre.

Ce fut sans regret que je quittai Padoue; j'avois besoin de prendre l'air, car j'étouffois. La Brenta s'offrit de me transporter à Venise. Me voici donc sur l'ancien *Timave*, dans une Barque ou Péote charmante.... un sopha règne à l'entour.... les fenêtres, qui sont de chaque côté, laissent la liberté de jouir de touts les points de vue ravissants, aussi multipliés que diversifiés....... Quelle délicieuse navigation! Je n'ai rien à lui comparer que le canal d'Utrecht à Amsterdam; la Brenta peut même vanter de plus magnifiques maisons de campagne et des bosquets mieux dessinés. C'est dans ces superbes habitations, que les riches Vénitiens viennent ordinairement passer la belle saison.

Déjà nous étions au-delà de Fusina, quand, tout-à-coup, un air plus frais se fait sentir; je monte sur le tillac..... Ciel! le voilà ce prodige que je m'étois figuré à peine! Voilà cette ville sortie du sein des flots! Venise semble nager au milieu de la mer. Qu'on me dise encore que la peur n'est capable de rien! C'est elle qui a créé ce miracle de l'art.

» *On* apperçoit de loin ces murs bâtis sur l'onde,
» Ces remparts orgueilleux, ce prodige du monde;
» Venise, dont Neptune admire le destin,
» Et qui commande aux flots renfermés dans son sein.

HENRIADE, Chant IX.

Nous entrâmes dans cette ville extraordinaire par le grand Canal, qui la traverse en serpentant : il baigne quantité de Palais et d'Eglises, décorés extérieurement de de statues et de colonnes. Enfin, la Barque nous conduisit près du pont de *Rialto*. Mais quel pont! Il n'a qu'une arche de quatre-vingt-dix pieds de largeur, et cette arche est de marbre. Ce hardi monument m'a trop plu pour ne pas en faire mon voisin. Je loge à côté de lui, et c'est delà que je vous écris; c'est pour moi un délassement, et et il m'est nécessaire. Mon séjour ici ne sera pas long; j'espère trouver quelque Bâtiment qui me transporte, sinon à

Malthe, au moins en Sicile. Il me tarde d'être rendu à ma destination ; car quel ennui de voyager dans un pays dont on n'entend pas la langue ! En vain parlé-je François, Latin, Hollandois ou Allemand, personne ne me comprend, et quand je veux communiquer mes pensées, il faut me réduire à faire le Pantomime.

Voici peut-être la plus énorme Epître que vous ayez reçue de votre vie ; vous ajouterez, si vous voulez, la plus mal digérée. Qu'importe ? Je sais que j'écris au plus complaisant des hommes ; vous me lirez ; j'en suis sûr, et même avec intérêt, non pas parce que j'ai bien dit, mais parce que c'est votre ami qui l'a dit.

« Adieu, voilà trop de folies ;
» Trop paresseux pour abréger,
» Trop occupé pour corriger,
» Je vous livre mes rêveries. . . . .
» Ainsi vous ne devez me lire
» Qu'avec les yeux de l'amitié.
» J'aurois encor beaucoup à dire ;
» L'esprit n'est jamais las d'écrire,
» Lorsque le cœur est de moitié.

GRESSET.

DU MEME AU MEME.

De Venise, 12 Aoust 1795.

Nous partons après demain pour Malthe. Vous saurez combien il m'a coûté de démarches pour me procurer cette occasion ; maintenant, je suis trop plein de Venise, pour ne pas commencer par vous en effleurer les singularités. Je ne puis mieux débuter que par les beaux vers de Sannazar. C'est du Latin ; mais un homme de Collège peut-il se passer de citer et de citer du Latin ?

« Viderat Adriacis Venetam Neptunus in undis
 » Stare urbem et toti ponere jura mari.
» Nunc mihi Tarpeias, quantum vis, Jupiter, arces
 Objice et illa tui mœnia Martis, ait.
Si pelago Tyberim præfers, urbem aspice utramque :
 Illam homines dicas, hanc posuisse Deos.

Rialto, proclamée place de refuge par les Padouans en 421, devint l'asyle de ceux qui fuyoient la tyrannie des Barbares. L'invasion du Lombard Alboin dans l'Italie augmenta la population des isles dont la réunion forma la ville de Venise,

Ces isles étoient d'abord gouvernées par des Tribuns, qui reconnoissoient encore la Souveraineté de Padoue; mais dans la suite, on secoua ce reste de joug, et l'an 697, on élut pour Duc, ou Doge, *Paolo Lucio Anafesto.*

La situation de Venise la déterminoit nécessairement au commerce. Elle y trouva des ressources, qui la mirent au rang des Puissances importantes, sur-tout dans le temps des Croisades, et avant la découverte du Cap de Bonne-Espérance. On vit cette République, maîtresse de Chypre, de Candie, de la Morée, dominer dans Constantinople, dans Naples, et en Sicile. Arrivée à un si haut dégré de gloire, Venise dut s'attendre à un déclin. La Ligue de Cambray en fut l'époque, en 1508.

Le revers d'Agnadel sembloit devoir écraser ces fiers Insulaires; mais la Fortune, en leur refusant pour l'avenir des faveurs dont ils avoient abusé, consentit à les protéger, pourvû qu'ils eussent le bon esprit de renoncer aux conquêtes, et de se renfermer dans les bornes d'une modération convenable. C'est à ce prix qu'ils se sont maintenus. De peur d'irriter la Fortune, en lui désobéissant, ces Républicains ont pris le parti de la neutralité dans la guerre actuelle ; mais ont-ils bien considéré qu'un corps qui se trouve au point de contact de deux tourbillons, ne peut manquer d'être englouti par l'un, ou par l'autre ? *

Cette ville, ouverte de toutes parts, sans citadelle, sans garnison, est pourtant, par sa position, une des plus fortes places de l'Europe. On y compte cent cinquante mille habitants, soixante-douze Paroisses dans autant d'isles, et soixante monastères. Un grand nombre de canaux la traversent en tout sens : il n'y a point de quartiers où l'on ne puisse aller en gondole ; mais aussi il est facile de les parcourir tous à pied, par le moyen de quatre cents ponts de pierre, ou de brique, si délicatement bâtis, que l'arche n'a que huit pouces d'épaisseur.

Les gondoles sont de petits bateaux longs, fort agiles, mis en mouvement par deux rameurs, dont l'un est placé sur le devant, l'autre sur le derrière, avec une seule rame. Au milieu, est une petite chambre pour quatre personnes, fermée

---

* Par la Paix de Campo-Formio en 1797, Venise, avec presque tout son territoire, a été cédée à la Maison d'Autriche.

par quatre glaces mobiles, et dont la place d'honneur est à gauche. Le bout de la gondole est armé d'un long morceau de fer, destiné à la garantir du choc des autres barques; chose fort rare pourtant, car l'adresse de *Barcaroli* est admirable. On nous donne ici les gondoliers pour de beaux esprits : ce qu'il y a de certain, c'est que leur usage est de réciter des vers Italiens, sur-tout du Tasse, avec une facilité souvent merveilleuse.

Ne vous imaginez pas qu'une gondole soit brillante : il y a ici une loi *Oppia*, rigoureusement observée. Toutes ces barques doivent être peintes en noir, et tendues en dedans d'un drap de la même couleur. Voilà un terrible frein au luxe! Riches, pauvres, tous sont condamnés à naviguer dans ce berceau flottant, surmonté d'un tombeau. Oui, d'un tombeau; un Allemand l'a dit, écoutez-le.

« Diese Gondel vergleich' ich der Wiege, sie schaukelt gefaellig;
» Und das Kaestchen darauf, scheint ein geraümiger Sarg.
» Recht so! Zwischen Sarg und Wiege wir schwanken und schweben,
» Auf dem grossen Kanal durchs Leben dahin.

GOETHE.

Permettez-moi de mettre un peu d'ordre dans ce que j'ai encore à vous décrire.

De l'Eglise Saint-Marc.

C'est la principale église de Venise, quoiqu'elle ne soit pas la plus grande. On y entre par un vestibule long de deux cents pieds, et on est tout de suite frappé de la richesse du grand autel. Les diamants, les émeraudes, les lames d'or massif composent ses différents ornements. En général, tout ce qu'il y a de curieux dans Saint-Marc y a été apporté de Constantinople. Mais c'est dans l'obscurité que brille cet amas de beautés; car cet édifice est peu éclairé : il est rempli de mosaïques; le pavé même est presque tout formé de compartiments en pierre d'une infinité de couleurs dont le rapprochement est merveilleux.

Parmi les reliques du trésor, on conserve un Evangile de Saint-Marc, écrit de sa main. Ce saint est le Patron de la République; le Lion lui sert de symbole avec ces mots : *Pax tibi, Marce, Evangelista meus.*

Au-dessus de la porte principale de Saint-Marc, sont les quatre chevaux antiques de bronze doré, qu'on attribue au célèbre Ivsippe : Constantin les détacha de l'arc triomphal de Néron, pour en orner l'Hippodrome de Constantinople. Les

Tome I M

Vénitiens, après s'être emparés de cette ville, les destinèrent, ainsi que les cinq portes d'airain de Sainte-Sophie, à décorer leur Basilique. *

Dans le pavé du Portique, on remarque un petit morceau de porphire qui y est enchassé. C'est-là que l'Empereur Frédéric-Barberousse, prosterné aux pieds d'Alexandre III, reçut en 1177 l'absolution des censures qu'il avoit encourues. Cette histoire est représentée dans la grande Salle du palais Ducal, et c'est alors que ce Souverain Pontife récita ce verset: *Super aspidem et basiliscum ambulabis.* C'étoit le jour de l'Ascension.

Ce même jour Alexandre III accorda au Doge le privilège d'épouser la mer, *ut omnis posteritas intelligat maris possessionem, victoriæ jure, vestram fuisse.* Cette victoire, dont il est ici parlé, est celle que les Vénitiens remportèrent sur les troupes Impériales.

Le Palais du Doge.

C'est un vaste édifice d'un assez beau Gothique, où l'on entre par huit portes. La principale conduit dans une grande

---

* Ces quatre chevaux sont maintenant à Paris.

Cour, dans laquelle on voit plusieurs statues antiques, entr'autres celles de Marc-Aurele et de Cicéron : cette dernière ornoit la porte des Ecoles d'Athènes, et sa beauté fait deviner sa patrie. Elle représente

« En habit de Consul Cicéron au Barreau....
» Ses gestes, son maintien, trompent si bien la vue,
» Qu'on pense voir agir et parler sa statue ;
» Il est dans l'attitude où jadis au Sénat
» Il défendit le Peuple, il conserva l'Etat.

Traduct. des OEuv. de POPE.

Après avoir monté l'Escalier des Géants, on trouve ces gueules de lions toujours ouvertes aux délations secrettes. Un peu plus loin, le Conseil des Dix rend ses arrêts redoutables ; tout dans cette Salle inspire la terreur. Paul Véronèse a peint au plafond un Jupiter, foudroyant le vice: c'est un Dieu en colère ; et à côté de lui, est un Génie qui tient le livre du Destin, symbole de ce Tribunal. Dans la Salle de l'*Anticollegio*, le même peintre fait jouer un autre rôle au Maître de l'Olympe: il ravit Europe, sous la forme d'un taureau, qui lèche les pieds de cette Amante à demi-rassûrée.

Encore un autre salle, celle du Sénat, et encore un tableau. Jacques Palma y a représenté la ville de Venise, au moment de la Ligue de Cambrai. Elle soutient le Doge Loredan, qui a l'épée à la main ; et devant elle, est le Lion de Saint-Marc, prêt à sauter sur l'Europe, figurée par un Guerrier monté sur un taureau. L'Europe oppose à ce coup un bouclier, où sont gravées les armes des diverses Puissances liguées contre la République. Que dites-vous de cette idée ?

Je n'ai pas fini. La Salle du Grand-Conseil, la plus vaste de toutes, mérite bien qu'on en parle. Le Tintoret y a placé le Paradis au-dessus du trône ; et les principaux évènements de l'histoire de Venise sont peints, dans cette pièce immense, par les plus habiles artistes. Une espèce de frise dans la partie supérieure de la muraille contient les portraits des Doges, parmi lesquels on a laissé vuide la place de Marin Fallier, décapité en 1355, pour montrer à tous les ambitieux qu'une conspiration contre l'Etat peut conduire le Prince même entre les colonnes de Saint-Marc.

Ce sont tant de Salles, les unes après les autres, que j'omettrois celle du petit arsenal, si on n'y montroit pas la cuirasse que notre Henri IV donna à la République, avec cette inscription :

« *Henrici IV, Franciæ et Navarræ*
» *Regis, arma, in tot tantisque periculis*
» *et victoriis hostili sanguine madefacta,*
» *immortalis ejus gloriæ triumphus, ac*
» *veri et sinceri amoris ergà Rempubli-*
» *cam monumentum.*

Une partie du palais du Doge est couverte de plomb ou de cuivre, et c'est entre les voûtes et les plombs que sont logés les prisonniers d'Etat. On dit qu'ils y souffrent quelquefois de la chaleur, jusqu'à mourir, ou devenir foux : aussi ne connoit-on rien de si terrible que d'être mis *Sotto i piombi.*

A moins que les différents Conseils ne soient assemblés, ces appartements sont accessibles à tout le monde. Mais on a abusé de cette liberté, pour faire des Cours, des escaliers, des Chambres même de Justice, un spectacle hideux de la plus révoltante malpropreté.

La Place Saint-Marc.

Avant d'arriver à cette superbe Place, il me fallut faire un assez long chemin à travers des rues fort étroites, formées par de hautes maisons mal bâties, et de couleur sombre. De peur de m'égarer, j'accostai le premier *Tabaro*, que je vis. « *Non capisco*, me répondit-il : c'est le *Ich kann nicht verstehen* des Allemands. Cette réponse me laissant dans l'embarras, je demandai à un Ecclésiastique, que je rencontrai un peu plus loin : *Quæ via* ** *ducit ad Sanctum Marcum ?* Ce prêtre, moins ignorant que ses confrères, ou plus habile à saisir ma prononciation peut-être vicieuse, entendit fort bien mon Latin, et il me répliqua laconiquement : *Sequere turbam*. Il avoit raison ; comme Saint-Marc est le rendez-vous général, en *suivant la foule*, on ne peut pas manquer d'y tomber.

Le portail de Saint-Marc termine la Place du côté du Levant. Son clocher est une tour quarrée, du haut de laquelle on jouit d'une vue très-variée, et très-pittoresque. La ville, ses ports, ses isles, les montagnes de l'Istrie, une partie de la Lombardie, l'endroit où les Alpes enfantent l'Apennin, enfin la plage où le Pô se décharge dans la mer ; quel coup-d'œil !

En face de cette église, au Couchant, est celle de Saint-Géminien, dont une

---

* Je ne vous comprends pas.

** Par où va-t-on à Saint-Marc ?

partie a été abattue, pour rendre la Place plus régulière. Le Doge y vient une fois l'année, en grande cérémonie, pour promettre au Curé de lui faire bâtir ailleurs une nouvelle église. Comme jamais il ne fixe le temps, on ne peut pas à la rigueur l'accuser de manquer à sa parole.

Au Midi, règne une aile des Procuraties neuves, et vis-à-vis sont les Procuraties vieilles ; autant de bâtiments qui mériteroient la plus pompeuse description.

La Place Saint-Marc tourne, à angle droit, du côté de la mer, et va y former ce qu'on appelle la *Piazzetta*. Là, s'élèvent deux colonnes de granit, apportées de Grèce, vers l'an 1174. L'une porte le Lion de la République, l'autre est surmontée d'une statue. De quelque côté que vous tourniez les yeux, vous ne voyez que du beau : à droite, vous avez les fastueux édifices, qui renferment la Bibliothèque et la Monnoye ; à gauche, une des faces du palais Ducal ; vis-à-vis, la mer couverte d'une forêt de mâts.

Une partie de la *Piazzetta* se nomme le *Broglio*. C'est l'endroit qu'ont adopté les Nobles Vénitiens, pour se rassembler le matin. Dans ce moment-là, le peuple, par déférence pour des personnes aussi distinguées, ne se permet pas d'en approcher de trop près. Mais un Etranger, qui pécheroit contre cet usage, seroit supposé l'ignorer, et ne feroit pas sensation. En général, la Noblesse ici a la réputation d'être polie, et même prévenante. La fierté fait tort à ceux de ses membres qui désirent parvenir aux premières charges ; et quiconque est *duro di schiena*, c'est-à-dire, peu souple des reins, court risque de ne pas réunir les suffrages en sa faveur.

Je ne fus pas peu surpris de voir que la Place Saint-Marc étoit, tout à la fois, une promenade, un marché, et le rendez-vous des baladins et des bouffons de toute espèce. Chacun d'eux a son cercle. Les plus courus sont les *Improvisateurs*, et j'en ai vu qui étoient entourés d'un auditoire nombreux et assez bien composé. Il faut de trois choses l'une ; ou que les vers Italiens soient aisés à faire, c'est ce que je ne sais pas ; ou que ces Improvisateurs soient d'habiles gens, ce dont je doute ; ou qu'enfin leurs vers soient mauvais, et c'est ce qui me paroît le plus probable.

Les deux observations suivantes vous donneront une idée du mélange étonnant que présente cette place, et de la facilité avec laquelle on y allie les contraires. 1.° Un farceur débute par le signe de la croix, cesse au son de l'*Angelus*, se met à genoux, ainsi que les assistants, et ne reprend ses jeux que lorsque la prière est finie. Voilà ce qui s'appelle sanctifier ses divertissements ! 2.° A côté d'un de ces Chansonniers ambulants, j'ai vu un Prédicateur en chaire haranguer qui vouloit l'écouter. C'étoit la *voix qui crie dans le désert*; au moins, n'ai-je pas apperçu une grande affluence. La pieuse intention de ceux qui ont introduit cet usage a été trahie. Ils ont voulu distraire des plaisirs profanes par l'appas d'une éloquence sacrée, mais la Place Saint-Marc ne favorise pas le recueillement.

L'Inquisition et la Police.

Le Gouvernement de Venise autorise tous ces amusements, qui, occupant fortement le peuple, l'empêchent de songer à la manière dont est dirigée l'administration de la chose publique. Aussi dit-on qu'on satisfait les Vénitiens avec trois F; * *Farina, Festini, Forca*. Parlez donc ici librement de toute autre matière imaginable, mais taisez-vous sur le Gouver-

---

* Du pain, de la bonne chère et une potence.

nement : autrement, vous n'échapperez pas à cette Inquisition politique, dont la sévérité est si connue, et peut-être exagérée. Ce Tribunal est composé de trois Magistrats, dont le pouvoir absolu, et qu'on dit même arbitraire, est redoutable à tous les sujets de la République, et bien plus encore aux étrangers. L'œil de la Police éclaire toutes leurs démarches; on recueille tous leurs propos; et malheur aux indiscrets.

Tout le monde tremble devant l'*homme* de l'Inquisition. Sa marque distinctive est dans sa poche, de sorte qu'on ne le reconnoît que quand il n'est plus temps de l'éviter. S'agit-il d'arrêter quelqu'un ? Il arbore son petit bonnet, sur lequel est un ducat de Venise; et à ce signe formidable, on n'oseroit opposer la moindre résistance. Sans effort, il fait ici ce que ne feroit point ailleurs une maréchaussée nombreuse et bien armée. Ainsi le bon ordre se maintient dans la ville, sans qu'on voye un Uniforme dans les rues.

Le Doge.

Ce Chef de la République jouit des honneurs de la Souveraineté, sans en avoir le pouvoir. Placé dans un rang supérieur, il n'est que le sujet du Sénat, qui gouverne en son nom, et dont il a à souffrir, assez souvent, les plus mortifiantes contrariétés. On a vu quelquefois des Nobles Vénitiens préférer une existence privée à l'ennui de vivre comme un prisonnier d'Etat dans le Palais de Saint-Marc, avec le seul avantage de la représentation. Dans les cérémonies publiques, le Doge porte un manteau doublé d'hermine et un bonnet cornu, à la Phrygienne. S'il sort de la Capitale, tout honneur cesse, et ce premier Magistrat n'est plus qu'un simple particulier.

L'Arsenal.

L'Arsenal occupe une isle de trois milles de circonférence, et on y arrive par un beau pont, défendu par deux superbes lions de marbre. Ses salles contiennent, dit-on, de quoi armer cent-cinquante mille hommes. Trente vaisseaux de guerre peuvent y être construits à couvert, et jadis on y rencontroit plus de deux mille ouvriers : aujourd'hui tout est vuide, tout annonce la décadence ou plutôt la ruine d'une Marine, qui autrefois a été le boulevard, non-seulement de Venise, mais de l'Italie entière, je dirois presque de l'Europe, contre les forces Ottomanes. *Quantùm mutatus ab illo !*

Voici la triste peinture que Goethe fait de cet Arsenal, qu'il visita, il y a quelques années :

« Vor dem Arsenal stehn zwei altgriechische Loewen;
» Klein wird neben dem Paar Pforte, Thurm, und Kanal.
» Kaeme die Mutter der Goetter herab, es schmiegten sich beide
» Vor den Wagen, und sie freuete sich ihres Gespanns.
» Aber nun ruhen sie traurig; denn der geflügelte Kater
» Ueberall schnurrt er, und ihn nennet Venedig Patron.

Le plus remarquable des bâtiments que renferme l'Arsenal, est sans doute le *Bucentaure*, espèce de grande barque de plus de cent pieds de long, et qui en a vingt-deux de large. Sur son premier pont on compte vingt-six rames de chaque côté ; dans le second, est une salle ornée de tapisseries et de glaces, dorée d'un bout à l'autre. Je suis fâché de n'être point passé ici le jour de l'Ascension ; j'aurois été témoin des Epousailles de la mer. La cérémonie a lieu à deux milles de la ville, à l'extrémité des Lagunes. C'est-là, que le Doge jette un anneau dans les flots, en disant : *Desponsamus te, Mare, in signum veri perpetuique Dominii*. Les nombreux époux de l'auguste mariée assistent en foule à cette nôce, et la joie publique s'anime au bruit d'une musique guerrière,

guerrière, et des décharges d'artillerie qui retentissent de toutes parts. L'usage, ce tyran des meilleures têtes, fait encore trouver beau, même aux vieillards, cet amusement puérile.

De l'église Métropolitaine et de plusieurs autres.

A une distance de huit cent cinquante toises de la Place Saint-Marc, je suis enfin arrivé à l'église de Saint-Pierre. Elle est toute pavée de marbre ; Paul Véronèse et le Guide l'ont décorée : c'est tout dire. L'Archevêque a les titres de Patriarche et de Primat de Dalmatie. Saint-Marc ne dépend pas de lui, mais du Primicier du Chapitre, ou plutôt du Sénat, qui, me disoit quelqu'un à l'oreille, est le véritable Evêque de Venise.

Le nombre des églises ici est très-grand ; celui des prêtres y est dans la même proportion, et ils célèbrent au de-là de midi. J'en ai vu un à l'autel à trois heures. Ne condamnez pas cette pratique ; la paresse et le genre de vie des Vénitiens la rendent nécessaire.

Dans l'Eglise des Cordeliers, est le tombeau du Titien, le meilleur peintre de l'Ecole Vénitienne, Né à Cador dans le

Frioui, en 1477, il fut enlevé par la peste qui désola Venise l'an 1576, et enterré avec tous les honneurs en usage pour la Noblesse. Charles-Quint l'avoit créé Chevalier Comte-Palatin, et avoit voulu être peint trois fois de sa main. Souvent, ce Prince prenoit plaisir à visiter son attelier; un jour que cet artiste se baissoit pour ramasser son pinceau, qu'il avoit laissé tomber, l'Empereur le prévint et lui dit, en le lui rendant : *le Titien mérite d'être servi par César.*

A Saint-Luc sont les cendres de l'Arétin, né à Arezzo; voici son Épitaphe :

« Condit Aretini cineres lapis iste sepultos,
 » Mortales atro qui sale perfricuit.
 » Intactus deus est illi; causamque rogatus,
 » Hanc dedit : ille, inquit, non mihi notus erat.

Madame du Bocage a traduit ces quatre vers :

« L'Arétin repose en ce lieu :
 » De chacun il fit la satyre ;
 » Mais ne connoissant pas de Dieu,
 » De Dieu seul il ne put médire.

Vis-à-vis la Place Saint-Marc, est l'isle de Saint-George, au milieu de laquelle s'élève une magnifique Abbaye de * Bénédictins. L'église, ouvrage du Palladio, a sa façade en marbre; dans le réfectoire des Religieux, on admire les Nôces de Cana, de Paul Véronèse. C'est un chef-d'œuvre de ce peintre, et le premier dont il orna Venise : on y distingue cent-vingt figures.

De la Religion.

On a ici tout le respect possible pour les actes de Religion, et j'ai lu moi-même une proclamation du Conseil des Dix, affichée à la porte de Saint-Marc, par laquelle ces graves Magistrats recommandoient une extrême décence dans le temple. Mais ces grands Seigneurs croient-ils tous sincèrement aux dogmes, et l'esprit philosophique n'auroit-il pas traversé les Lagunes, pour s'insinuer dans la Noblesse Vénitienne ? Je n'en répondrois pas, surtout s'il falloit ajouter foi à l'anecdote suivante. Un Lord se trouvoit dans une église où l'on célébroit la messe, et y restoit debout, même au moment de la consécration. Comme un Sénateur lui

---

* C'est dans cette Abbaye qu'en 1800 fu élu le Pape actuel, Pie VII.

représenta qu'il étoit indécent de se faire remarquer; *Mais*, dit l'Anglois, *je ne crois pas à la présence réelle*..... *Ni moi non plus*, répondit le Magistrat, *mais mettez vous à genoux, ou sortez*. Certes, si la chose est vraie, le Sénateur est un fourbe hypocrite; et s'il avoit des semblables, il ne faut plus s'étonner que Rome ait essuyé tant de contradictions de la part de ce Gouvernement. Quoiqu'il en soit, il est au moins à craindre que la Religion n'ait perdu de son influence dans Venise; car elle est la meilleure sauvegarde des mœurs, et les mœurs ici sont fort corrompues.

Costumes et Divertissements.

Le Carnaval durant plus de la moitié de l'année, l'habit de masque est devenu, pour ainsi dire, le costume Vénitien. Pendant cinq mois de suite, les conditions, les états, tout est confondu ici; et de ce travestissement général naissent, presque toujours, de tristes incidents, fruits d'une liberté qui n'a plus même pour frein le regard d'un homme connu. C'est alors qu'on voit les jeux, les bals, les festins, faire de Venise une véritable scène de luxe. Il faut faire bonne chère, dût-on mourir de faim après le Carnaval. Un gentilhomme ruiné, qui ne vouloit pas en avoir le démenti, fit abattre une vieille maison qu'il avoit encore, vendit les débris, et métamorphosa ses décombres en un repas somptueux, dont il régala ses amis. Les convives s'en amusèrent, et dirent depuis assez plaisamment qu'ils avoient assisté au *Festin de Pierre*.

Les loix somptuaires sont ici si rigoureuses qu'il n'est pas surprenant que les habitants soient passionnés pour un costume qui, la plûpart du temps, leur laisse la plus grande liberté de satisfaire leurs caprices. Si les Dames Vénitiennes ne brillent pas par l'élégance de leur parure, ce n'est pas tout-à-fait leur faute. Il n'y a que les étrangères, les femmes des Ambassadeurs, et les personnes de la famille du Doge, qui soient *fuori delle pompe*, c'est-à-dire, à qui il soit permis de porter des étoffes riches, d'orner leur livrée de galons d'or et d'argent, et d'avoir une portière à leur gondole.

Malheureusement le mauvais goût préside fort souvent à la toilette de ces Républicaines, qui ne savent tirer aucun parti des dons que la nature leur a prodigués. Quel dommage! Le soleil, ne luisant pas ici pour les Dames, leur laisse toute la fraîcheur de leur teint. Ces belles de nuit ne viennent se montrer à la Place Saint-Marc, que quand l'obscurité les y a devancées; et si par hazard, elles se déterminent à sortir pendant le jour, elles ne voyent le ciel qu'à travers les fenêtres d'une gondole : ainsi ces beautés sont inaccessibles au hâle et à la poussière. Ces préservatifs devroient en faire des Déesses charmantes; elles ne le sont pourtant pas, parce que de toutes les Capitales, Venise est celle où l'on rende le moins hommage à l'élégance et au bon goût de nos modes.

Rien de plus simple que l'habillement des hommes. Ils portent tous un manteau appellé *Tabaro*, de taffetas, ou camelot gris en été, et de drap rouge en hyver. Les Sénateurs ont adopté la couleur rouge dans leurs robes; le violet est pour les *Sages*, et le noir pour le reste de la Magistrature.

Mœurs et Usages.

Du pont Rialto jusqu'à la Place Saint-Marc, les rues offrent l'image d'une foire magnifique, où les richesses des deux mondes ont été mises en œuvre par les plus habiles artistes. Les yeux sont éblouis par la quantité prodigieuse de bijoux et de pierreries, qui tapissent le devant des maisons du premier étage. Ce spectacle brillant se renouvelle en quelques autres endroits ; mais hors de-là, Venise inspire la tristesse. On voit beaucoup de gondoles sur les canaux, peu de monde dans les rues, personne aux fenêtres.

Le Carnaval passé, plus de bonne chère ; chacun se retranche dans une étroite sobriété, qui confine à la mesquinerie, tant qu'on reste à la ville. En automne, on va prendre l'air en terre ferme, ce qu'on appelle *romper l'aria*, et c'est alors qu'on est sourd aux cris des créanciers, et qu'on ne vit que pour dépenser à tort et à travers. Cette ruineuse partie de plaisir est ce qu'on nomme la *Villeggiatura*.

Revenons au régime de la ville. Une Dame Vénitienne est presque toujours accompagnée, de qui ?.. De son mari ?.. Songez un peu ; cela seroit ridicule ailleurs, à plus forte raison à Venise. .... D'un *Sigisbé*, ou, si vous ne m'entendez pas, d'un *Chevalier servant*, c'est-à-dire, d'un humble serviteur de la Dame, sous le titre d'ami. C'est lui, qui, aussitôt qu'elle est réveillée, lui présente le chocolat, prend ses ordres pour les plaisirs de la journée, l'aide à passer la matinée, en l'accompagnant, soit dans la gondole, soit à pied, si elle a jugé à propos de se mettre en mouvement, bien enveloppée dans son *Zandaletto*, espèce de voile élégant et simple, que la Noblesse emprunte assez souvent de la Bourgeoisie. Après le diner, vient l'heure de la grande toilette ; le Sigisbé est de retour et tient le miroir. Il a besoin de patience ; ce n'est pas l'affaire d'un moment : on n'est prêt qu'à huit ou neuf heures du soir. Du cabinet, on entre dans la gondole. Voilà le grand Canal traversé en tout sens par des milliers de barques, dont le rendez-vous est au *Casino*, aux Cafés, ou aux Spectacles.... On y reste jusqu'à minuit. Vous croyez peut-être qu'on est fatigué ? Il n'est pas permis de l'être, tant qu'il fait nuit. Il reste encore du temps pour courir une poste avec le Sigisbé ; on gagne le Continent, et après avoir salué la campagne, on revient à la ville. Il est déjà tard, car le soleil est depuis deux heures sur l'horizon.

Que dites-vous de cette étrange vie, de ces courses nocturnes, de ces *Casino*, où jamais le mari et la femme ne se trouvent ensemble ? Que dites-vous sur-tout de ces animaux Domestiques, appellés Sigisbés ? Classe destructive des mœurs publiques, qui brise un nœud sacré, et en forme un autre trop suspect pour n'être pas criminel ; et cela souvent, au vu et au sçu d'un époux complaisant, qui sacrifiant à cette mode détestable, souscrit lâchement à l'admission de celui qu'on destine à le remplacer, et ne se réserve que le privilège de choisir le *Chevalier* jugé digne d'être le premier en charge. Répondez, notre taciturne ville de Rheims ne valoit-elle pas mieux que Venise en fêtes, ou en masque ?

A côté du luxe est assise la Misère, et on est assiégé ici par les mendiants. Où est Anvers, où est cette ville bienfaisante, au sein de laquelle une sage distribution de secours épargnoit au Public le triste spectacle de l'humanité souffrante, et aux pauvres la honte de le présenter ?

Des Sciences.

Venise se fait gloire d'avoir produit des personnages illustres, entr'autres Marc-Paul, ce célèbre voyageur du treizième siècle, qui enrichit sa patrie de connoissances utiles, le Cardinal Bessarion et Fra-Paolo Sarpi. Je ne parle pas des poëtes Vénitiens ; comment louer, ou blâmer des auteurs, que je comprends à peine ? Mais il seroit injuste de refuser les plus grands éloges aux Peintres de cette Ecole. Ils ont été, selon le fameux

Cochin, les meilleurs Coloristes, et s'ils paroissent avoir négligé la correction du dessein, en revanche ils sont plus remplis d'enthousiasme. A leur tête, marche le Titien, qui par la magie de la couleur l'emporte sur Rubens. Ce n'est qu'ici qu'on connoît vraiment le Tintoret ; ce qu'on en voit ailleurs ne donne que l'idée de ses défauts. Il n'est réellement grand que dans les grandes choses qu'il a exécutées : alors, cet habile artiste passe les bornes de la raison, et cependant l'enthousiasme de son génie et la fureur de son pinceau emportent l'admiration.

L'Ecole Vénitienne compte en outre Paul Véronèse, moins fougueux et plus sage, que personne n'a surpassé pour l'enchaînement ingénieux de ses grouppes, la manière dont la lumière y est répandue, et l'intelligence supérieure de ses reflets.

La Rosalba, dans ces derniers temps, acquit aussi une réputation brillante. Elle s'est égalée aux plus grands maîtres par le talent du Pastel et de la Miniature, auquel elle s'étoit attachée. Venise perdit en 1761 cette femme, qui lui fit tant d'honneur.

« Soyez riche et pompeux dans vos descriptions.
Art Poët.

C'est Boileau qui l'a dit. *Pompeux*, je

ne prétends pas l'être ; *riche*, au moins en paroles, je ne l'ai été peut-être que trop. Encore n'ai-je rien dit de moi ; il est temps de vous mettre au fait. M.ʳ l'Evêque de Chersonèse nous avoit donné une lettre pour le Bailli Calleoni, Ministre de Malthe à Venise. Il étoit en campagne, et pour comble de malheur, son Sécrétaire ne savoit ni Latin, ni François, pas plus que nous d'Italien. Nous parvinmes pourtant à lui faire deviner quel étoit notre but. Lui aussi-tôt de nous féliciter d'être venus si à point. . . . Deux bâtiments sont dans le port, prets à partir pour Malthe. Il se chargea de parler lui-même aux Capitaines ; mais quand ? *Adesso*, *Subito*, c'est-à-dire, tout de suite, au plutôt. Ne vous y trompez pas : ces deux mots ont chez les Italiens la même force que le *Gleich* chez les Allemands. En effet, ils veulent dire qu'il faut s'armer de patience, pour attendre fort long-temps.

Nous soupirons après le jour de notre embarquement ; si nous en devons croire le Sécrétaire, il n'y a pas la moindre inquiétude à avoir, et nous ne tarderons pas à faire voile. Je compte sur sa parole, et ses promesses me rasûrent : il y a donc toute apparence que dans trois jours nous serons sur le Golfe Adriatique ; au moins nous l'a-t-on fait espérer hier au au matin.

Que ne suis-je déjà à Malthe ! C'est de-là que je souhaite vous écrire la première lettre que vous recevrez de moi.

DU MEME AU MEME.

De Livourne, 27 *Aoust* 1795.

Qui *compte sans son hôte, compte deux fois*; ou, si vous voulez un proverbe plus chrétien : L'*homme propose, et Dieu dispose*. Je n'ai vu de la mer Adriatique que ce qu'on en voit à Venise. Par ma dernière, je vous annonçois mon embarquement dans cette ville comme une chose à laquelle il ne manquoit qu'une centième probabilité pour en faire une certitude ; mais tout dépendoit d'elle. M.ʳ le Sécrétaire de Légation avoit mal calculé : il s'imagina qu'il lui suffiroit de nous annoncer aux Capitaines, dont il nous avoit parlé. Nous fûmes bien étonnés, quand il nous dit qu'ils étoient Napolitains, et que d'après une défense sévère de leur Gouvernement de recevoir à bord aucun

François,

François, ils ne pouvoient se charger de nous. Jugez de notre consternation ! Donnant à nos raisons les plus belles couleurs possibles, je le priai de les faire valoir de nouveau auprès de ces observateurs rigides d'une loi désespérante. Il est à présumer qu'il le fit; cependant, nous apprîmes le lendemain que l'arrêt étoit irrévocable ; * *Non c'è più speranza*, nous dit-il.

J'eus beau courir chez M.ʳ de los Campos, j'eus beau réveiller, à quatre heures après midi, le Consul de Naples, il n'y eut pas moyen de faire plier la règle, et il fallut se résoudre à prendre un autre parti. Mais lequel? On nous indiqua Livourne. Outre la nécessité de traverser l'Italie, il étoit fort douteux de trouver dans ce port une occasion pour Malthe. Comme c'étoit la seule ressource qui nous restât, nous allâmes chez Mgʳ le Nonce, pour avoir la liberté du passage sur les terres Ecclésiastiques ; et ce ne fut pas sans difficulté que son Auditeur nous accorda ce que nous demandions.

Le 15 de ce mois, à dix heures du soir, nous nous jettâmes dans la Barque du

---

* Il n'y a plus d'espérance.

Tome I.

Procacio, ou Courier de Venise à Livourne. C'étoit l'Arche de Noë, comme vous allez le voir par le mélange bizarre de ceux qu'elle contenoit : deux Grecs, deux Italiens, deux Allemands, deux François, un Arménien, un Corse et un Israëlite. Ce dernier, fidèle aux principes de sa Nation, eut l'adresse de ne pas payer d'avance, et à Ferrare, où sans doute il vouloit terminer son voyage, il s'éclipsa fort adroitement.

Vous ne sauriez me suivre; la route que tient notre Barque est trop tortueuse, et moi-même je ne m'y reconnois plus. Tantôt sur les Lagunes, tantôt sur l'Adige : me voici sur un bras du Pô, je gagne un autre bras par un Canal qui les unit.... Je fais mille détours qui ne m'amusent pas.... le pays est triste; c'est un marais que traverse l'Eridan, où fut englouti jadis le téméraire Phaëton. La nature nous a envié le spectacle majestueux qu'auroit présenté le Pô, s'il avoit conservé ses eaux réunies jusqu'à son embouchure. Chacune de ses branches est un beau fleuve. Son lit est quelquefois trente pieds au-dessus du niveau de la campagne : aussi est-il comme un Aqueduc immense, qui domine et menace le pays qu'il arrose, et que de hautes digues ne mettent pas toujours à l'abri des inondations. Le dégât est affreux alors, et sa crue est d'autant plus redoutable, qu'il n'a qu'un pied de pente sur mille toises.

« . . . . . Terrible dans ses ravages,
» Et fier dans ses débordements,
» Le Pô renverse les rivages
» Cachés sous les flots écumants :
» Avec lui marche la ruine,
» L'effroi, la douleur, la famine,
» La mort, la désolation ;
» Et vers les fanges de Ferrare,
» Il entraîne à la mer avare
» Les dépouilles des Nations.

VOLTAIRE. Ode sur la Paix.

A une lieue du Pô, j'entrai dans Ferrare. Je crus être à l'hôpital ; un soldat de garde me demanda l'aumône. Un peu plus loin, il me sembla que j'errois dans un désert. Vous savez le proverbe : *A Ferrare plus de maisons que d'habitants.* On y a mis de l'hyperbole, mais au moins l'herbe qu'on voit de tous côtés annonce la dépopulation. Cette ville a pourtant le mérite d'un certain coup-d'œil ; une de ses rues a près de mille toises de long et ses Places, ses temples, et quelques beaux édifices lui donnent un aspect imposant.

C'est encore ce fougueux Attila, qui

donna naissance à cette ville, à force d'en détruire d'autres. La terreur, qui précédoit ce *fléau de Dieu* et des hommes, fit remonter le Pô, en 452, à quelques habitants du Frioul, après la ruine d'Aquilée; et en 595, Ferrare commença à se faire remarquer. Elle appartint successivement aux Exarques de Ravenne, aux Lombards et aux Papes. Jean XII en gratifia Tedaldo, Marquis d'Est, qui y mourut en 1007. A la mort d'Alphonse d'Est II, Clément VIII fit valoir les prétentions du Saint-Siège sur Ferrare, et il s'en empara, en 1598, malgré les efforts du Duc de Modène.

L'Arioste, pour faire sa cour à ses maîtres et ses protecteurs, n'a pas manqué de déployer les richesses de sa poësie en faveur de Ferrare. Anchise aux enfers y voyoit d'avance toute la gloire future des Césars. Aussi bon courtisan que Virgile, l'Auteur de Roland le furieux use du même privilège que le poëte Romain, et accorde gratuitement le don de prophétie à Malagigi, cousin de Renaud, pour annoncer que Ferrare montera un jour au comble de la puissance et de la prospérité.

« E che sarebbe tal per studio e cura
» Di chi al sapere ed al potere unita

» La voglia avendo, d'argini e di mura
» Avria sì ancor la sua città munita,
» Che contra tutto il mondo star sicura
» Potria senza chiamar di fuori aita ;
» E che d'Ercol figliuol, d'Ercol sarebbe
» Padre il Signor, che questo, e quel far debbe.
Chant XLIII St. 59.

Ce père et fils d'un Hercule est Alphonse I, mort en 1534. Long-temps avant cette époque, Tedaldo avoit bâti un château à l'extrémité Occidentale de la ville, et ce fut sur ses ruines que le Pape Paul V, éleva la Citadelle, qui subsiste encore.

La Cathédrale a pour tout monument remarquable le tombeau de *Lilio Gregorio Giraldi*, qui fournit les mémoires, d'après lesquels on exécuta, en 1582, la Réformation Grégorienne. Mais le plus grand homme dont les ouvrages aient illustré cette ville, est l'Arioste, né à Reggio, et mort en 1533 à Ferrare, où on lui a érigé un Mausolée en marbre dans l'église des Bénédictins. On y lit cette Epitaphe :

« Notus et Hesperiis jacet hic Arcostus et Indis,
  » Cui Musa æternum nomen Hetrusca dedit ;
» Seu Satyram in vitio exacuit, seu comica lusit,
  » Seu cecinit grandi bella ducesque tubâ :
» Ter Summus Vates cui summi in vertice Pindi
  » Tergeminâ licuit cingere fronde comas.

L'Arioste a joui de sa propre réputation. Cependant, à la première lecture de son Poëme, le Duc de Ferrare fut si stupéfait des écarts singuliers de cette imagination burlesque, qu'il ne pût s'empêcher de dire à l'Auteur : *Messer Ludovico, dove diavolo avete preso tante coglionerie ?* *

Dans le vestibule du réfectoire des Religieux, ce poëte est représenté dans un tableau, où on a peint le Paradis. Mettez-moi dans celui-ci, avoit-il dit lui-même au peintre, car je n'irai jamais dans l'autre. *Depingete mi in questo Paradiso, perche nell'altro io non ci vo.*

Voilà tout ce que j'ai à vous dire de Ferrare. Il fallut traverser bien des marais, avant d'arriver à Bologne. Heureusement le sol devient plus riant et plus fertile dans les environs de cette ville, ce qui lui a fait donner le surnom de *grasse*. Polybe, Tite-Live, Tacite et Dion l'ont connue ; aujourd'hui elle tient un rang distingué parmi les Cités de l'Italie, et dans l'Etat Ecclésiastique elle ne le cède qu'à Rome. Sa population est, dit-on, de quatre-vingt mille habitants.

---

* Maitre Louis, où diable avez-vous pris tant de sottises ?

Pépin le Bref, après avoir arraché Bologne aux Lombards, en gratifia le Saint-Siège; donation qui fut confirmée par Charlemagne. Elle retomba aux Empereurs, qui la conservèrent jusqu'en 1274, que cette ville prit une forme Républicaine, et joua quelque temps un rôle en Italie. Sur le point de périr victime des factions intérieures qui déchiroient son sein, elle eut le bonheur d'être réunie par Jules II aux Domaines Ecclésiastiques, en 1510.

Ce fut dans ses murs que fut signé le célèbre *Concordat* entre Léon X et François I, par lequel on stipula que les Rois de France nommeroient aux grands Bénéfices, et que les Souverains Pontifes recevroient les *Annates*, c'est-à-dire, les revenus de la première année des places vacantes.

On entre dans Bologne par douze portes, qui aboutissent à de longues rues, bordées de portiques en arcades soutenus par des colonnes, sous lesquels on est à l'abri de la pluie et du soleil.

On ne peut passer devant la Place des Géants, sans s'y arrêter. Les yeux sont trop vivement frappés par son Neptune, qui paroît debout, tenant d'une main son Trident, et ayant l'autre étendue dans l'attitude fière qu'il devoit avoir, quand il réprimoit l'attentat des vents : *Quos ego.*... Aux pieds du Dieu sont des Syrènes, trop belles peut-être pour être ainsi exposées, pressant leurs mamelles, dont elles font jaillir de l'eau. Cet ouvrage de Jean de Bologne fut terminé en 1563 : le monument est superbe ; mais son auteur n'a-t-il donc cru pouvoir enchaîner l'admiration, qu'en faisant gémir la décence publique ?

La Cathédrale n'est pas l'édifice qui ait fixé le plus mon attention. Je la réservois en bonne partie pour Saint-Pétrone, où Charles-Quint fut couronné avec grande pompe par Clément VII, et où le Concile de Trente tint deux sessions en 1547. Plus de cent ans après, Cassini traça dans cette église sa fameuse Méridienne. La lumière du soleil y entre par une ouverture d'un pouce de diamêtre, élevée de quatre-vingt-trois pieds, et la longueur de la ligne est de deux cent six pieds huit pouces. Cet habile Astronome, en 1695, y marqua les dégrés de distance au Zénith, les signes du Zodiaque, les heures que dure la nuit, et la largeur de l'image du soleil en été.

Il n'est, je crois, dans Bologne aucune église, qui ne mérite un tribut de la curiosité des voyageurs par quelque chef-d'œuvre de peinture, ou d'architecture. Celle de *San Giovanni in monte* possède le tableau de la Sainte-Cécile, morceau superbe de Raphaël, qui a aidé seul à former tant de bons imitateurs dans la suite. On raconte que ce grand artiste le fit à la prière d'un peintre assez médiocre, nommé *Francia*, qui mourut de chagrin de s'être vu surpassé par celui qu'il avoit prétendu plutôt défier qu'encourager.

Raphaël fut obligé de sacrifier au mauvais goût de son siècle, et de joindre à Sainte-Cécile, Saint-Paul et Saint-Jean. Tous ces personnages sont debout, attentifs à un concert d'Anges, qui se fait au ciel, dans le haut du tableau. La Sainte a des instruments et des livres de musique à ses pieds, mais le concert céleste lui fait perdre le goût de la musique d'ici-bas. Idée ingénieuse, qui fournit au peintre un moyen de mettre dans ses figures une expression admirable.

Les palais sont aussi riches en beautés que les temples. Dans celui de Zampieri, on voit le Prince des Apôtres pleurant son péché, et Saint-Paul qui le console. Ah, il n'est rien au-dessus de ce sublime, de ce touchant spectacle! C'est au pinceau du Guide qu'on en est redevable. Celui du Guerchin en a donné un autre pareillement attendrissant, dans la même Galerie. Agar, chassée par Abraham, et tenant Ismaël par la main, jette sur le Patriarche un dernier regard, qui semble indiquer l'espérance que cette malheureuse a encore d'entendre révoquer la sentence fatale. Comment finir, si je voulois vous décrire tout ce qui étonne et attache les moins connoisseurs? Un Cupidon, dormant sur un lit de velours, ouvrage du Guide, au palais Aldrovandi; un Tarquin, le poignard sur le sein de Lucrèce, fait craindre qu'il ne l'enfonce; ce morceau est au palais Zambeccari.... mille et mille choses rares qu'on admire ailleurs, et que le temps ne m'a pas permis d'aller voir, pressé comme je l'étois.

* *Bononia docet*. Cette Légende de la monnoye caractérise la ville. Son Université est une savante antiquité; on la dit fondée en 425 par Théodose le jeune. Ce qu'il y a de certain, c'est qu'elle a toujours jetté un vif éclat au milieu des ténèbres dont l'ignorance enveloppa l'Europe, au moyen âge. On vante aussi beaucoup l'*Institut*, qu'on regarde comme l'asyle des beaux-arts et le sanctuaire des Muses.

---

* Bologne enseigne.

Elles y sont logées magnifiquement dans un palais immense, qui comprend une Académie des sciences, un Observatoire, un Cabinet d'histoire naturelle, avec une belle Galerie de tableaux des meilleurs maîtres. Et où seroient les chefs-d'œuvre en ce genre, s'ils n'existoient pas dans une ville qui a vu naître le Guide, le Dominiquin, l'Albane, les trois Carraches, et le sculpteur Algardi ?

Il est temps que je vous parle d'un usage commun à une grande partie de l'Italie, et qui m'a paru aussi étrange qu'incommode. C'est la manière de mesurer le temps. Depuis Vérone, ma montre n'a servi qu'à me tromper, ou à me rendre inintelligible à quiconque m'a demandé l'heure. Dans les Etats de Venise, de l'Eglise et de Naples, on compte vingt-quatre heures de suite, d'un soir à l'autre, et la vingt-quatrième sonne une demi-heure après le coucher du soleil. Pour savoir à quoi m'en tenir, je me suis fait donner la Table suivante.

(276)

TABLE DU MIDI EN HEURES ITALIQUES.

	Milan et Venise.		Rome.		Naples.	
	Latitude. 45 d. 25 m.		Latitude. 41 d. 54 m.		Latitude. 40 d. 48 m.	
	Heures.	Minutes.	Heures.	Minutes.	Heures.	Minutes.
Janv. 1.	19 h.	9 m.	18 h.	57 m.	18 h.	53 m.
20.	18.	54.	18.	44.	18.	40.
Fév. 1.	18.	40.	18.	32.	18.	28.
20.	18.	12.	18.	7.	18.	5.
Mars 1.	17.	58.	17.	55.	17.	53.
20.	17.	28.	17.	19.	17.	27.
Avril 1.	17.	9.	17.	11.	17.	11.
20.	16.	49.	16.	46.	16.	46.
Mai 1.	16.	24.	16.	31.	16.	33.
20.	16.	1.	16.	11.	16.	13.
Juin 1.	15.	49.	16.	1.	16.	5.
20.	15.	42.	15.	55.	15.	59.
Juil. 1.	15.	43.	15.	56.	16.	0.
20.	15.	56.	16.	14.	16.	11.

table

TABLE DU MIDI EN HEURES ITALIQUES.

Milan et Venise.	Rome.	Naples.
Latitude. 45 d. 25 m.	Latitude. 41 d. 54 m.	Latitude. 40 d. 48 m.
Heures. Minutes.	Heures. Minutes.	Heures. Minutes.
16 h. 9 m.	16 h. 18 m.	16 h. 22 m.
16. 34.	16. 42.	16. 43.
16. 52.	16. 57.	16. 59.
17. 22.	17. 23.	17. 24.
17. 39.	17. 39.	17. 39.
18. 8.	18. 5.	18. 4.
18. 27.	18. 20.	18. 19.
18. 51.	18. 41.	18. 39.
19. 1.	18. 51.	18. 48.
19. 12.	18. 59.	18. 45.

(Août 1. 20. Sept. 1. 20. Oct. 1. 20. Nov. 1. 20. Déc. 1. 20.)

Cette manière de compter est sans doute la plus naturelle, puisqu'elle mesure le temps par un point visible, qui est la chûte du jour, et non par le passage du soleil sur le méridien. On allègue encore en sa

Tome I. P

saveur, qu'elle a été en usage chez les Juifs, les Athéniens et autres peuples Orientaux, et que la même chose se pratique aujourd'hui chez les Chinois. Il n'en est pas moins vrai qu'on ne sait à sa montre, quand il est midi, à moins qu'on ne la règle chaque soir et qu'on ne consulte la table que je vous ai donnée.

Revenons où vous m'avez laissé, à mon départ de Bologne. A cinq lieues de cette ville, se présente l'Apennin. Ces monts n'ont ni l'âpreté, ni le sourcilleux des Alpes; aussi n'offrent-ils que rarement des sites pittoresques. Ils n'étonnent point, ils attristent. L'olivier y croît volontiers; mais l'olivier n'a de beau que son nom, et sa pâle verdure n'a rien de réjouissant.

Si la nature est si avare de ses dons sur l'Apennin, c'est qu'elle a voulu ménager la plus délicieuse jouissance aux yeux du voyageur, lorsque de la crête Méridionale de ces montagnes il plonge dans le Bassin de Florence. Poëtes et Peintres qui aimez à décrire les paysages, venez en ce charmant endroit.

« Aspects délicieux! perspectives charmantes!
» Quelle scène est égale à ces scènes mouvantes!

DELILLE.

Prairies émaillées de fleurs, bosquets.

que le fer respecte, ou que l'art a dessinés; ici une humble métairie, là une maison de campagne, qui domine le côteau où elle s'élève; de toutes parts des jardins de plaisance, qui servent comme d'avenues à la Capitale de l'Etrurie; quels trésors pour une muse, ou un pinceau! Au milieu de cette riche plaine paroît Florence, avec la majesté d'une Reine, qui s'énorgueillit, en contemplant la pompe fastueuse de ses domaines. On y entre par une Porte décorée de rares morceaux d'architecture. Mais aurai-je le courage de l'avouer? Je n'ai point vu Florence; non, je ne l'ai point vue. Enchaînés à une voiture publique, il a fallu la suivre, et nous contenter de jetter, de droite et de gauche, dans cette superbe ville quelques regards, qui, loin de satisfaire à nos désirs, n'ont fait que les irriter.

Arrivés à Livourne, notre premier soin fut de courir chez le Consul de Malthe, et plus heureux qu'à Venise, nous avons trouvé sur le champ ce que nous cherchions avec tant d'empressement. Ravis d'avoir rencontré si à propos les moyens de nous rendre à notre destination, nous voulûmes voir le bâtiment sur lequel nous devions naviguer. On nous y conduisit; je l'avois déjà sous les yeux, que je prétendois encore ne pas le voir. Imaginez-vous une barque de pêcheur, à six rames, avec un mât fort mince; à la poupe, un endroit très-resserré, pouvant contenir trois ou quatre passagers, et surmonté d'un ceintre de toile, destiné à leur servir de retraite : voilà la frêle machine, sur laquelle il nous faudra voguer l'espace de plus de trois cents lieues. C'est ce qu'on appelle *una Speronara*. Ne pouvant tenir la haute mer, nous serons forcés d'aller toujours terre à terre; mais n'est-ce pas plutôt un avantage qu'un inconvénient, puisque cette course tortueuse nous mettra à même de visiter les côtes de toute l'Italie.

Mes arrangements pris, je songeai à examiner le port. Il n'y a pas au de-là de quarante pieds de profondeur, et vous concevez aisément que les vaisseaux de guerre n'y peuvent entrer. Après avoir fait le tour du môle, quelle fut ma surprise de découvrir tout-à-coup une Escadre Angloise, composée de vingt-cinq voiles, qui se tenoit à la rade ! Enchanté de ce spectacle nouveau pour moi, je voulus en jouir de plus près. Ayant pris une barque, nous gagnâmes le large, pour contempler à loisir ces majestueux édifices, qui, malgré leur énorme pésanteur, trouvent leur soutien dans un élément mobile. Dans le lointain, nous distinguions les isles de Corse, d'Elbe, de Capraia et des Gorgones.

En rentrant dans la ville, nous considérâmes une statue, élevé par Cosme II, en l'honneur de Ferdinand I, son père. Ce dernier est représenté sur un piedestal, une main appuyée sur le côté, et tenant de l'autre un bâton de commandement. A ses pieds, sont enchaînés quatre esclaves de bronze, plus grands que nature : ce sont des Africains, nuds et de différents âges.

Le grand Duc Cosme I, devenu maître de Livourne, rendit son port franc l'an 1543, et sçut, en multipliant les privilèges, y attirer beaucoup d'étrangers, sur-tout les Grecs. D'un misérable village, il fit une ville considérable et florissante par le commerce. Cette place est un entrepôt de marchandises, qui se distribuent dans toute l'Europe; mais aujourd'hui la guerre est trop générale, pour ne pas gêner les spéculations et paraliser le négoce.

Livourne n'a rien de fort curieux, sinon peut-être l'affluence extraordinaire d'étrangers, dont on porte le nombre à quinze mille. Le port est le seul endroit vraiment intéressant ; nous nous y trouvions avant-hier, et nous examinions une frégate Espagnole toute pavoisée, c'est-à-dire, ornée de banderolles et de pavillons. Nous cherchions la raison de ces signes de joie, quand elle commença à faire jouer son artillerie. Jadis, à pareil jour, et dans un port de France, j'aurois trouvé la solution du problème dans la fête de Saint-Louis ; car c'étoit précisément le 25 Aoust. Bientôt, j'appris que cette réjouissance avoit lieu à l'occasion de la paix publiée entre l'Espagne et la République Françoise.

» France, Espagne, à jamais puissiez-vous être unis.

HENRIADE. Ch. VII.

Que devoient penser les Anglois de cette explosion, dont ils étoient les spectateurs ? Mais dans un port neutre, il n'y a plus d'hostilités.

Nous mettrons à la voile demain soir. Aussi-tôt notre arrivée, mon premier soin sera de vous écrire. En attendant je suis. . . . .

DU MEME AU MEME.

De Messine, 10 Septembre 1795.

« Italiam, fato profugus, Laviuaque venit
» Littora. Multum ille et terris jactatus et alto.

Æn. Lib. I.

Nous voici à Messine, en dépit de Carybde, qui a cherché en vain à nous dévorer. Le Patron a voulu relâcher ici, et il nous menace d'y séjourner quelque temps. C'est contre mon gré. Cependant, comme à quelque chose malheur est bon, je profite du loisir qu'il me force de prendre, pour vous donner des nouvelles de notre navigation.

Le 28 Aoust, à dix heures du soir, nous quittâmes Livourne.

« Un vent de terre qui souffla
» A souhait nos voiles enfla.

Virg. travesti. Liv. III.

La lune souriroit à notre départ, et sa lumière tremblottante, réfléchie sur une mer tranquille, y répandoit un coloris pâle et agréable. Le calme de la nature m'invitoit à donner à mes idées la même situation, et en effet je commençai à oublier que je n'étois qu'à deux doigts de la mort ; car la distance qui me séparoit du gouffre sur lequel je me trouvois, n'étoit pas plus considérable.

« Nous voilà sur mer, loin du port,
» A deux ou trois doigts de la mort,
» Car entre gens flottants sur l'onde
» Et la mer, où se perd le monde,
» Il n'est qu'un mur bâti d'ais joints,
» Large de trois pieds, plus ou moins.

Virg. travesti. Liv. III.

Le vent nous favorisa toute cette nuit et le jour suivant. Le sur-lendemain matin, je me reveillai en sueur, et presque suffoqué sous une toile, dont l'espéronare étoit enveloppée. Je demandai pourquoi on m'avoit mis ainsi en danger d'étouffer, et sans attendre la réponse, je soulevai cet énorme rideau. Quel fut mon étonnement de me voir au milieu d'un port ! C'étoit celui de *Cività-Vecchia*. Cette ville et ses environs sont si mal sains pour les étrangers, sur-tout la nuit et dans l'été, qu'on aime mieux se priver d'air, pour ainsi dire, que d'en respirer un qui tue infailliblement. Pline le jeune nous a laissé la description d'un beau port que Trajan faisoit construire à Cività-Vecchia ; si c'est le même que j'ai vu, l'ouvrage n'est pas merveilleux. Deux Galères de Malthe s'y trouvoient alors par hazard, et si je l'eusse sçu plutôt, je serois venu les joindre dans cette ville, pour profiter de cette occasion de voyager avec plus d'agrément. Mais ce qui excita principalement mes regrets, fut l'impossibilité de voir Rome. Mon Patron Malthois, homme qui sent son Arabe, tant pour le langage que pour les manières, ne me donnoit aucun répit : d'un autre côté, cette Capitale étoit fermée aux étrangers qui n'avoient pas de permission formelle d'y aborder ; et le Nonce à Venise ne nous avoit accordé que très-difficilement le passage par Ferrare et Bologne. En un mot, il a fallu à une si petite distance de Rome, renoncer à l'espoir d'y pénétrer. N'en parlons plus, parce que c'est une amertume pour moi de penser à un si beau coup manqué.

Pour comble de chagrin, à peine reparûmes-nous en mer, que le vent changea, et depuis ce moment-là, sa direction reste la même, tandis que sa violence augmente de jour en jour. Plus de voiles, la rame seule nous fit avancer ; mais lentement. J'eus le loisir de contempler ce fleuve, si c'en est un, que Virgile appelloit bien gratuitement *cœlo gratissimus amnis*. Les Dieux se contentoient de peu de chose, s'ils *chérissoient* tant le Tibre; ou lui-même a perdu de sa majesté, en changeant de nom, il porte maintenant celui de *Tevere*.

» Ce fleuve, quoique tant vanté,
» N'étoit pas, à la vérité,
» Remarquable par son arène.
» La sienne étoit un peu vilaine,
» Ou plutôt c'étoit du bourbier,
» Par honneur qu'on nommoit gravier.

Virg. travesti. Liv. VII.

Depuis Rome jusqu'à son embouchure, où il peut avoir quatre cents pieds de large, sa pente, d'abord très-rapide, se rallentit tout-à-coup de manière à devenir presqu'insensible; ce qui occasionne des inondations aussi dangereuses que fréquentes. Les Poëtes étant accoutumés à trouver de beaux rapports, même dans les inconvéniens, Virgile a voulu nous faire croire que le Tibre avoit suspendu la rapidité de son cours, afin qu'Enée pût le remonter plus aisément. Scarron, pour ne pas manquer de respect à l'auteur qu'il traduit, bien qu'il ne crût pas plus à ce prodige que moi, le raconte ainsi ;

> « Le Tybre, suivant sa promesse,
> » De son cours fixe la vitesse.
> » Ses flots, enflés auparavant,
> » Quand même il ne fait point de vent,
> » Paroissent lors, en leur surface,
> » Etre de verre, ou bien de glace,
> » Et ne font pas un petit pli....
> » Quoique remontant contre l'eau,
> » Les nefs sur ces eaux favorables,
> » Vont comme tous les diables.

Virg. travesti. Liv. VIII.

Ostie, bâtie à cinq lieues de Rome par *Ancus-Martius*, n'est plus qu'un bourg à moitié désert, malgré les soins des Souverains Pontifes pour relever cette ville ancienne. Notre curiosité à observer ces côtes savantes faillit nous faire perdre la vie. Trois barques Pontificales, près desquelles nous passions fort tranquillement, nous prirent pour des Corsaires de Barbarie. Elles eurent peur, et sans chercher à s'éclaircir, les perfides Romains font siffler une balle à nos oreilles. Notre Patron, aussi-tôt de crier : *Siamo Cristiani !* (Nous sommes des Chrétiens). Malgré cette profession de foi, part un second coup ; et nos rameurs baissent la tête. Une balle vaut bien une révérence! Ce jeu ne me plaisoit pas du tout; et moins fou, ou si vous voulez, moins intrépide que Charles XII, j'étois bien loin d'adopter, comme ce Prince, cette nouvelle espèce de musique. On délibéra, si on ne riposteroit pas; car nous étions *armés en guerre*. Il y avoit à parier que la partie ne seroit pas égale, et j'opinai pour la négative en dépit de mon Patron. En effet,

« Que voulies-vous qu'il fît contre trois?

Corneille.

Un nouveau coup qui effleura notre espéronare, hâta la conclusion, et il fut résolu qu'on gagneroit le large, à force de rames. C'étoit bien le parti le plus sage, le plus analogue à nos moyens de défense et à mes dispositions; je suis toujours pour la paix. En continuant notre route, les yeux fixés sur le rivage, je relisois une partie de l'Enéide et de l'histoire Romaine. Ici, c'est Ardée, où Camille se retire dans son exil, et dont il invite ensuite les habitants à le suivre, pour arracher aux Gaulois leurs conquêtes; là on découvre les ruines d'Antium. Plus loin, on entre dans le Golfe de Gaëte,

Gaëte, et on apperçoit la ville que Virgile félicite de porter le nom de la nourrice d'Enée.

« Tu quoque littoribus nostris, Æneia Nutrix,
» Æternam moriens famam Caieta dedisti ;
» Et nunc servat honos sedem tuus ; ossaque nomen
» Hesperiâ in magnâ, si qua est ea gloria, signat.

Æn. Lib. VII.

Gaëte est maintenant une forteresse du royaume de Naples. On voit dans le château, le tombeau du Connétable Charles de Bourbon, tué au siège de Rome, en 1528, et on y lit cette inscription Espagnole :

« Francia me diò la leche,
» Spagna fuerza y ventura ;
» Roma me diò la muerte,
» Y Gaeta la sepoltura.

Avançons... Voilà le Vulturne, *amnis vadosus*. *Æn. VII.* C'est sur ses bords qu'étoit cette Capoue, si fatale aux Carthaginois, et où ces vainqueurs des Romains succombèrent sous le poids de la mollesse et des délices.

Me voici vis-à-vis Naples, et je n'y puis entrer. Mais au moins ses déhors et ses environs ne sont-ils point compris

Tome I.   Q

dans la loi rigoureuse, qui repousse de son intérieur les infortunés François. Jettons donc l'ancre devant cette superbe ville, pour la mieux contempler. Sa situation est admirable; et elle a contribué vraisemblablement, avec la douceur du climat, à la faire regarder comme le séjour du plaisir et de l'oisiveté. *Otiosa Neapolis* ; c'est l'épithète que lui donne Horace : *in otio natam Parthenopen*, dit Ovide. Les Napolitains étoient donc jadis ce qu'on les accuse d'être aujourd'hui, *fort épris de l'amour du repos*. Le nom de *Parthénope* a partagé les étymologistes : les uns ont prétendu qu'elle étoit fille d'Eumélée Roi de Thessalie, laquelle amena en Italie une colonie des Sujets de son père; selon d'autres, une des Syrènes qui tentèrent envain de séduire Ulysse, erra long-temps sur ce rivage, où elle avoit échoué, et on lui éleva un tombeau. Sur ce tombeau, fut bâtie une ville qui porta son nom; mais ayant été ruinée, elle fut reconstruite et appellée *Neapolis*, ville neuve. Rien de si beau que le port de Naples; il a servi de modèle à Virgile, quand il a parlé du Havre de Lybie. Vous savez la description qu'il en fait : chez lui, elle est magnifique; chez Scarron, elle est plaisante.

« Là, Mademoiselle Nature
» Fait un port sans Architecture
» D'une petite isle couvert,
» Où personne n'est pris sans vert ;
» Car en tout temps d'herbe nouvelle,
» Mais entr'autres de pimprenelle,
» Elle est pleine jusqu'en ses bords,
» Au grand bien de ceux du dehors,
» Qui viennent chaque jour en terre
» En prendre pour mettre en leur verre.
» Ce port, peu connu des nochers,
» Tout environné de rochers,
» Représente une scène antique.
» Deux écueils font comme un Portique
» A l'abri desquels les vaisseaux
» N'ont peur de la fureur des eaux,
» Ni des vents qui leur font la guerre,
» Non plus que s'ils étoient sur terre.

Au fond de ce golfe, derrière l'isle de Caprée, s'élève Naples en Amphithéâtre, au pied d'un côteau bien verd, sur le penchant de la montagne, et forme comme deux demi-cercles autour de la mer, qui semble avoir déposé toutes ses fureurs.

Embrasser d'un seul coup-d'œil tant de merveilles antiques, mêlées à tant de beautés modernes, voilà ce qui doit produire et ce qui a produit en effet en moi une émotion aussi vive que charmante.

Mais développer cet ensemble partie par partie, c'est la chose du monde la plus froide; je le sens bien, et de crainte de vous ennuyer, je ne vous décrirai pas ce que j'ai tant admiré.

Le Château-Neuf, celui de l'Œuf, et le fort Saint-Elme sont certainement des remparts imposants contre les ennemis du dehors; mais Naples n'en aura jamais d'assez puissants pour la préserver des secousses terribles du plus dangereux des voisins, le Vésuve, dont les effets sont bien peints dans ces vers.

» .... De l'Enfer on croit que ce gouffre est l'entrée.
» De terribles combats en déchirent le sein;
» Un torrent sulphureux sort de ce souterrain.
» Le vulgaire craintif y voit dans les nuits sombres
» Des spectres voltigeants, des fantômes, des ombres;
» Et leurs plaintifs accents, que l'écho porte aux mers,
» Des peuples et des Rois présagent les revers.

On donne à cette montagne environ trois cents toises de hauteur, et d'après mon apperçu, je ne crois pas qu'on exagère. Sa forme est pyramidale, et sa distance de la mer m'a paru être d'une lieue. C'est de temps immémorial qu'elle a jetté des flammes; cependant, l'éruption de 79 fut regardée comme un phénomène par Pline l'ancien, et sa curiosité lui coûta la vie. Ce grand homme ne fut pas la seule victime, et vous savez le sort d'Herculanum et de Pompeïa, qui demeurèrent englouties, jusque vers le milieu de notre siècle. Les ravages de ce volcan se multiplièrent dans la suite. Voyons mes tablettes...... On cite les années 203, 472, 512, 685, 993, 1036 : ce fut alors que le Vésuve commença à vomir des torrents de *Lave*, c'est-à-dire de cette matière liquéfiée, qui a coulé depuis dans toutes ses éruptions, comme en 1049, 1138, 1139, 1306, 1500, 1631. Celle-ci fut la plus violente de toutes. Elle fut annoncée, le 17 Décembre, par des tremblements de terre, et les explosions de ce feu souterrain ne cessèrent qu'au mois de Février de l'année suivante. Plus de huit mille personnes trouvèrent la mort dans les flammes, ou dans les torrents d'eau, qui inondèrent les campagnes voisines. De nouveaux malheurs eurent lieu en 1660, 1682, 1694, 1698, 1701. Ces cavités effrayantes n'ont pourtant pas été inaccessibles à quelques Phisiciens de la Cour de Saxe, qui y descendirent lors du mariage de leur Prinsesse avec Don Carlos. *

---

* Depuis 1779, personne n'étoit descendu dans le Cratère ; en 1801, le 18 Juillet, huit

En 1737, le 20 Mai, cette montagne ouvrit un de ses flancs, et donna passage à des flots de lave, qui le lendemain s'arrêtèrent près de la mer.

Nouvelles éruptions en 1751, 1754, 1759, 1760, 1765, 1767.... L'an 1783, le Vésuve et l'Etna semblèrent conjurer la perte de la Sicile et de la Calabre. Messine fut ensevelie sous ses ruines; actuellement, je les ai sous les yeux, et je vous en parlerai bientôt. Revenons au Vésuve; la dernière époque de ses désastres affligeants, est l'année 1794. Quand je l'ai vu, sa cîme n'exhâloit que des vapeurs noires et assez épaisses.

Vous me demanderez si j'ai eu occasion de considérer la Lave, cette production des entrailles de la terre enflammée? Oui, et avec d'autant plus de curiosité, que je n'en avois qu'une idée bien confuse. A l'extérieur vous diriez du fer fondu; mais en dedans, on reconnoît une vitrification opaque, dont l'aspect est semblable à celui d'une pierre d'aimant. Quand elle est polie, elle approche de la serpentine,

---

François hazardèrent d'y pénétrer. Le baromètre de Reaumur, au sommet du Vésuve, étoit à 12 dégrés, dans le Cratère à 16.

avec cette différence, qu'elle ne tire pas sur le verd. On dit que les Chymistes ont trouvé du souffre pur dans la sublimation de la Lave du Vésuve, Ce qu'il y a de certain, c'est qu'on en fait de très-jolis ouvrages qu'on vend ordinairement assez cher. Quelquefois on a été tenté de croire qu'il y avoit une communication souterraine entre le Vésuve et l'Etna; mais cette opinion est insoutenable, lorsqu'on fait attention au peu de rapport qu'il y a dans les effets de ces deux volcans. Il est très-faux qu'ils s'embrâsent tous deux en même temps, ou que l'un commence à brûler, quand l'autre s'éteint. Ces deux faits se sont rencontrés, et se rencontreront peut-être encore, sans que ce jeu du hazard permette de conclure à une relation constante.

J'ai touché les isles Caprée et Ischia; la première connue par les orgies de Tibère, et la seconde par la retraite qu'alla y chercher Ferdinand II, en 1495, au moment que Charles VIII, Roi de France, étoit venu s'asseoir sur le trône de Naples. En errant sur la côte, on s'y trouve, presque toujours, à deux mille ans de soi-même. Tout parle des Romains. Que j'aurois aimé à voir le laurier qui fait ombre aux cendres de Virgile! Mon impitoyable Patron m'envia le bonheur de rendre cet hommage au Chantre d'Enée.... Il fallut se contenter de saluer de loin la grotte de Pausilippe.

A deux lieues et demie de Naples, sur les débris informes de l'ancienne Pouzolle, s'est élevée la nouvelle, dont les habitants, pauvres pêcheurs, n'ont pas l'air de se douter que leur pays fut jadis le centre du luxe et des plaisirs. A droite et à gauche d'un temple de Jupiter, converti en Cathédrale, étoient autrefois des maisons de campagne; ici, celle de Pollion, là celle de Sylla. C'est sur ce rivage riant que ce farouche Tyran, fatigué de répandre le sang, vint trouver un repos, que le pouvoir le plus despotique ne lui avoit pas procuré. Allons de Pouzolle à Bayes, non plus sur le pont ensanglanté de Caligula ; il est détruit : ainsi le sont tant de lieux délicieux, théâtre des plus belles fables du Paganisme! D'une épaisse couche de cendres, du sein des décombres de la Nature, sortent, çà et là, des restes de palais et d'arcs de triomphe. Tout charme et effraye.... Mais voilà qui épouvante tout de bon.... C'est l'Averne. Comme il est affreux dans Virgile! Ici, c'est tout simplement un bassin de trois cents toises de diamètre; les eaux, il est vrai, en sont bleuâtres et obscures. Au bord de ce lac, on voit une sombre caverne, dont l'entrée est étroite et escarpée : c'en est assez pour un poëte. Il dira

« Spelunca alta fuit, vastoque immanis hiatu.

Æn. Liv. VI.

Ce n'est pas tout. Les eaux de l'Averne vont réellement se perdre dans l'Achéron, et celui-ci jette les siennes dans le Cocyte. Ecoutez Scarron. Ils se trouvèrent, dit-il, en parlant d'Enée et de la Sybille,

« Ils se trouvèrent près de l'onde
» De l'Achéron, qui toujours gronde,
» Et qui par un canal bourbeux,
» A considérer très-hideux,
» Dans le Cocyte se va perdre.
» (Rime qui sait rimer en erdre.....)
» Cet Achéron traîne après soi
» Une arène sale et puante,
» Et plus chaude que l'eau bouillante.

Virg. travesti. Liv. VI.

Ce fleuve terrible a changé de nom, et les profânes Napolitains l'appellent le lac *Fusaro*. Ce n'est plus cette rivière qui roule des flots de sang : envain y cherchez-vous le pâle et affreux Caron. On ne retrouve plus la moindre apparence des Enfers...... Tout a disparu ; il ne reste que les Champs-Elysées, campagne agréable et découverte, à un mille de Bayes, sur la pente d'une colline, qui s'étend jusqu'à la mer. Vous devinez que le tombeau de Mysène n'est pas loin. On apperçoit, à une grande distance, le promontoire,

« . . . . . Qui nunc Misenus ab alto
» Dicitur, æternumque tenet per sæcula nomen.

ÆN. Lib. VI.

Le poëte l'avoit bien prédit. Le nom subsiste encore :

« Et ce lieu, du nom de cet homme,
» Mont Misène aujourd'hui se nomme.

VIRG. travesti. Liv. VI.

Toutefois, la ville n'est plus qu'un misérable hameau. On y voit quelques restes de la magnifique maison de Lucullus, où Tibère fut étouffé par ordre de Caligula, qui préludoit ainsi au plus cruel des règnes. Un léger revirement de bord nous amena dans une baye, près de Bauli, où est le tombeau d'Agrippine, que lui élevèrent ses esclaves en tremblant. Un peu plus loin, à *Tritoli*, se voyent les ruines du palais de Néron; c'est-là qu'il avoit fait embarquer sa mère sur ce fatal vaisseau, qui, en s'entr'ouvrant, devoit précipiter cette infortunée dans les flots.

Rien n'égale, pour le pittoresque, le golfe de Bayes; aussi étoit-ce pour les Romains le pays à la mode. Horace reproche aux voluptueux de son temps d'y reculer les bornes de la mer, comme si la vaste étendue de ses rivages ne leur suffisoit pas :

« Marisque Baïis obstrepentis urges
» Submovere littora,
« Parùm locuples continente ripâ.

Lib. II. Od. 18.

Qant à l'origine du nom de ce golfe, je m'en tiens, sans plus chercher, au docte Varron, qui la fait dériver d'un des compagnons d'Uylsse. En effet, Homère nous dit, dans l'Odyssée, que cet illustre aventurier vint à *Bauli*, et cet endroit n'est qu'à une demi-lieue de Bayes. Les héros Romains avoient adopté ce côteau, pour y bâtir leurs maisons de plaisance, et il existe quelques vestiges de celles de César, Pompée, Marius et Sylla. Ce fut encore dans ses environs, que 61 ans avant l'Ere Chrétienne, se forma le premier Triumvirat, entre César, Pompée et Crassus. Mais laissons-là ces ambitieux.....

A une lieue et demie du cap Misène, se présente Cumes, fondée par des Grecs venus de l'isle d'Eubée, mille ans avant Jesus-Christ. Dédale, tirant bon parti de ses ailes postiches, y descendit pour s'y reposer ;

» .... Si bien emplumaché,
» Ayant long-temps dans l'air haché,
» Il vint, charié sur ses plumes,
» Se lucher sur la tour de Cumes.

Virg. travesti. Liv. VI.

Ce célèbre artiste grava dans un temple ses tristes aventures, mais sa main se refusa à dessiner la mort tragique de son fils, victime de sa désobéissance et de sa témérité. Je me rappellerai toujours ces vers pleins de sentiment.

« ..... Tu quoque magnam
» Partem opere in tanto, sineret dolor! Icare, haberes.

Æn. Lib. VI.

« Tu serois aussi, pauvre Icare,
» Placé dans cet ouvrage rare :
» Si ton père, songeant à toi,

n'eut

» N'eût laissé tomber, hors de soi,
» Et les pinceaux, et la peinture.

Virg. travesti. Liv. VI.

Qui ne sait que Cumes étoit la patrie de la Sybille dont Enée reçut de si grands services ? Les cent avenues de son Antre ne subsistent plus, et l'Oracle garde le silence.

Notre espéronare m'arracha, malgré moi, de ces contrées si riches en monuments historiques. La fiction a certainement ici aggrandi la nature, et donné plus de champ aux traits qu'elle présentoit. En lisant l'Énéide, on embrasse un espace considérable ; sur les lieux, tout se resserre, tout se confine.

Ne croyez pas que j'aille essayer de vous peindre les côtes de Naples et de la Calabre. C'est comme un long et vaste espalier, sur lequel le soleil du Midi jette ses rayons bienfaisants, et dont il colore et mûrit les abondantes productions.

« Ce fond se prête à tout, pourvu qu'on le cultive ;
» Il se couvre d'épis, il fait mûrir l'olive.
« La vigne, si je veux, s'y marie aux ormeaux,
» Ou, dans des prés fleuris, il nourrit mes troupeaux....
» Tels les champs du Vésuve et ces heureux vallons,
» Dont la riche Capoue admire les moissons.

Delille, traduction de Virgile. Géorg.q. II.

Les Vignes, fort communes dans tout ce Royaume, sont élevées sur des peupliers. Vous voyez que cet usage date de loin, puisqu'il existoit du temps d'Horace.

« Ergo aut adultâ vitium propagine
» Altas maritat populos.

Épod. I I.

Cette idée ne pouvoit manquer d'être bien rendue par celui qui, de nos jours, chante si bien les beautés de la Nature :

« Voyez l'eau caressante embrasser le gazon,
» Ces arbres s'enlacer, des vignes tortueuses
» Embrasser les ormeaux de leurs mains amoureuses.

Delille.

Je me hâte d'avancer, et je dépasse Amalfi. C'est à un de ses habitants que les navigateurs ont l'obligation de la Boussole ; *Flavio Gioia* l'inventa en 1302. Cependant, on prétend prouver par le témoignage de Guyot de Provins, poëte François du douzième siècle, que la Boussole étoit déjà alors connue dans notre pays. Minturnes, que j'apperçois, me fait souvenir d'un exemple terrible des vicissitudes de la fortune. C'est Marius caché dans un bourbier, Marius en prison, Marius qu'un esclave Cimbre n'ose tuer, qui se sauve à travers les mers, et passe peut-être où je suis passé. . . . .

J'ai côtoyé Salerne, mais sans faire d'acte de foi sur les maximes de son Ecole; car je n'y crois pas beaucoup. En doublant ce golfe, je suis arrivé au Cap qui porte encore le nom du Pilote d'Énée, que le perfide Dieu du Sommeil précipita si adroitement dans les ondes. Ici, disois-je, a pleuré le bon Roi des Troyens; ici, il a mêlé ses larmes aux flots que ma barque sillonne ; ici, il s'est écrié :

» O nimiùm cœlo et pelago confise sereno,

» Nudus in ignotâ, Palinure, jacebis arenâ !

ENÉID. Liv. V.

Revirons à notre droite, et abandonnons la côte, pour rendre visite à Éole dans cette isle qu'Homère, au dixième livre de l'Odyssée, dit être » ceinte tout « au tour d'une forte muraille d'airain, « et bordée au déhors de rochers escar- « pés. « Le présent que ce Roi fit à Ulysse lui devint fatal par l'indiscrette curiosité de ses compagnons, et une tempête affreuse mit le Prince Grec dans le plus grand danger, le long de ces funestes parages.

A côté de la prison des vents, sont les forges de Vulcain. C'est dans ces sombres retraites, que ce Dieu, si habile dans son art, fabriqua ce filet merveilleux qui servit à couvrir de honte Mars et Vénus, exposés cruellement à la risée de tous les habitants de l'Olympe. C'est dans ces atteliers si fameux, qu'à la prière de Thétis il forgea cette armure destinée au valeureux Achille, et ce bouclier admirable tant vanté au dix-huitième livre de l'Iliade.

Tous les poëtes s'accordent à placer au même endroit la demeure de Vulcain,

» Sa boutique étoit en Sicile,
» Si l'on en croit Monsieur Virgile,
» Dans un endroit plein de rochers,
» Hauts et pointus comme clochers.
» C'étoit une cave fort sombre,
» Que la terre mettoit à l'ombre.

SCARRON. Virg. trav. Liv. V.

Le Dieu du Feu ne forge plus; en vain cherche-t-on les Cyclopes, dont l'auteur de l'Enéide décrit si bien le pénible travail:

» Illi inter sese magnâ vi brachia tollunt
» In numerum, versantque tenaci forcipe ferrum.

Liv. ?.

» Sous les coups retentit l'enclume ;
» Il vous soulèvent comme plume
» De gros chiffons d'airain, de fer,
» Plus noirs que les Démons d'enfer :
» Ils battent si bien la cadence,
» Qu'on jureroit qu'ils sont en danger

IBID. L. 7.

Les Isles de Lipari sont au nombre de onze. *Volcania* et le *Volcanello* lancent souvent encore des nuages de fumée : le *Stromboli*, qui n'en est pas loin, en pousse sans interruption ; c'est comme la cheminée des autres isles voisines. Ce volcan a des explosions très-fréquentes, qui se succèdent avec régularité ; et son feu prend différentes couleurs, selon celles des pierres qu'il vomit en l'air. Le Roi de Naples tire un revenu considérable de plusieurs endroits de ce petit Archipel, qui produit une quantité prodigieuse d'alun, de souffre, de nitre et de cinnabre.

A mesure qu'on s'approche du Phare de Messine, on sent, même à une assez grande distance, l'influence de Carybde ; et quand on prend mal son temps, le passage est réellement très-périlleux : aussi Circé recommanda-t-elle à Ulysse de prendre toutes les précautions imaginables pour ne pas échouer contre ce détroit, la terreur des nautonniers. » Il y a (lui « dit-elle), deux roches fort hautes con- « tre lesquelles les flots d'Amphitrite vont « se briser avec un horrible mugisse- « ment..... Si quelque vaisseau en ap- « proche, il n'y a plus d'espérance ; il est « d'abord fracassé. C'est la demeure de « Scylla, ce monstre affreux, dont les « hommes, ni les Dieux, ne peuvent « soutenir la vue..... Jamais pilote n'a « pu se vanter d'avoir passé impunément « près de cette roche..... L'autre écueil « n'est pas loin de là..... C'est la de- « meure de Carybde, qui engloutit les « flots ; car chaque jour elle les engloutit « par trois fois, et par trois fois elle les « rejette avec des mugissements horri- « bles. «

Traduction de l'Odyssée. L. XII.

Les Troyens, mauvais navigateurs, ont eu raison d'éviter cette mer orageuse, dont Helenus leur avoit fait un effrayant tableau.

» Ce fameux détroit de Sicile
» Est gardé par Carybde et Scylle ;
» Et ces deux Suisses du détroit
» Sont l'un à gauche, et l'autre à droit.

» Carybde de son profond gouffre
» Gobe les flots couleur de soufre ;
» Et puis trois fois les revomit
» Vers le Ciel, lequel en frémit.
» Scylle ne bouge de son antre,
» D'où l'eau sort, entre, ressort, rentre.

VIRG. travesti. Liv. III.

Salluste n'est pas plus rassûrant, quand il dit : *Est Carybdis mare periculosum nautis, quod contrariis fluctuum cursibus collisionem facit, et rapta quæque absorbet.* Enfin, Sénèque n'avoit pas meilleure idée de Scylla ; voici comment il en parle dans une lettre à Lucilius : *Scyllam saxum esse, et quidem terribile navigantibus, optimè scio.* Ce prétendu Monstre n'étoit autre chose qu'un rocher de deux cents pieds d'élévation, placé sur la côte opposée à la Sicile : un tremblement de terre l'a renversé ; mais ce qu'en ont écrit les anciens suffira pour immortaliser l'effroi qu'il a inspiré aux voyageurs..... Le gouffre de Carybde subsiste encore. C'est un courant très-rapide, qui commence au détroit appellé par Virgile *Claustra Pelori*, et se propage jusque dans le port de Messine.

J'avois vu des incendies et les tristes effets de ce fléau ; mais je n'avois que des idées peu justes des désastres que produit un tremblement de terre. J'en juge par mes yeux aujourd'hui encore, douze ans après l'horrible secousse qu'a éprouvée cette ville où je suis maintenant : c'est même là le premier coup-d'œil qu'offre Messine à ceux qui entrent dans son port ; c'est le premier objet qu'elle leur présente. Son môle, en forme de demi-cercle, étoit bordé, dans toute sa longueur, de magnifique palais, qui ne sont plus qu'un amas de ruines, tombeau de tant de victimes infortunées. Les grands Seigneurs qui les habitoient, n'ont pas cru devoir se fier davantage à un sol presque tremblant, ni exposer leur or et leurs personnes à être englouties ; et ils se sont retirés à Palerme, ou à Naples. Le rez-de-chaussée est enseveli, et les fenêtres du premier étage servent de porte, pour entrer dans de misérables cabanes, qui remplacent l'ancien séjour du faste et de l'opulence.

Nous avons parcouru cette ville, qui, heureusement pour l'humanité, est peut-être actuellement en Europe l'unique dans son genre. La moitié de Messine est encore cachée sous ses décombres : on en retire de temps en temps quelques parties ; mais, soit défaut de moyens, soit crainte de pareils accidents, son rétablissement s'opère bien lentement. Toutes les églises portent, plus ou moins, des marques de destruction, et à peine ose-t-on les décorer. Le souvenir de tant de malheurs passés n'autorise que trop la peur pour l'avenir.

Le port est aussi sûr que grand; il est partagé par une langue de terre sur laquelle est bâtie la Citadelle. Avant la fatale époque de 1783, cette ville étoit très-commerçante, quoique bien déchue de son ancienne gloire. Vous n'ignorez pas que son premier nom étoit *Zancle*, et qu'elle fut fondée par une Colonie de Messéniens, qui s'expatrièrent l'an 1762 avant Jesus-Christ, à la suite des guerres qu'ils eurent à soutenir contre les Lacédémoniens.

Souvent je me promène sur le quai, dont la largeur, depuis les restes des palais jusqu'à la mer, est de plus de cent pieds. Vis-à-vis moi, est la Calabre, qui n'est séparée de la Sicile que par un détroit d'une lieue et un tiers de France. Il n'a même qu'un mille d'Italie à son embouchure, c'est-à-dire, entre le *Capo di faro* en Sicile et la *Coda di volpe* sur le Continent. Un intervalle aussi peu considérable a fait soupçonner que la Sicile étoit jadis jointe à la Terre-Ferme. Claudien l'assure si positivement qu'on jureroit qu'il l'a vu :

» . . . . Trinacria quondam
» Italiæ pars una fuit.

Pline, Strabon et d'autres auteurs en parlent sur le même ton. Virgile, quoiqu'ayant la permission de tout feindre, puisqu'il étoit poëte, est moins hardi, et il n'employe que l'expression modeste *On dit*; mais Scarron, qui n'y regarde pas de si près, ne balance point à affirmer que

» Jadis Sicile et l'Hespérie
» N'étoient qu'un pays contigu,
» Et formoient un individu.
» Mais, soit par le temps qui tout change,
» Ou par l'eau qui la terre mange,
» Ou bien par quelque tremblement,
» Ou plutôt, je ne sais comment,
» Les deux terres se séparèrent,
» Les flots entre deux se fourrèrent;
» Et depuis qu'ils s'y sont fourrés,
» Ils ne s'en sont pas retirés.

Virg. trav. Liv. III.

Nous avons assisté, le jour de la naissance de la Sainte-Vierge, à la Messe célébrée dans la Cathédrale par l'Archevêque de Messine. Les premiers Magistrats allèrent au palais de Monseigneur; et après que son Excellence fut entrée dans un lourd et antique carrosse de cérémonie, ils ramenèrent ce Prélat à son Eglise. Il y fut introduit par un Chanoine, qui l'avoit précédé, monté sur une superbe haquenée, et je le vis marcher à l'autel, entouré de six Ecclésiastiques mîtrés. D'abord, il me vint une pensée que c'étoient autant d'Evêques, et qu'il se tenoit ici un Synode; mais j'appris depuis, que les titres et les décorations sont tellement prodigués en Italie, que bientôt on aura de la peine à distinguer un simple prêtre d'un Cardinal. Ces Messieurs portant mître, n'étoient que des Chanoines de la Cathédrale.

Le local détermine les Messinois à devenir marins, et ils passent pour habiles plongeurs. Un de leurs Souverains s'étant rendu dans leur ville pour être témoin des exploits d'un certain *Colas*, que son rare talent avoit fait surnommer le *Pesce*, (le Poisson) jetta une coupe d'or près du gouffre de Carybde. *Pesce* fit deux tentatives, étonna et même alarma les spectateurs par le temps qu'il resta sous l'eau : il plongea une troisième fois, et ne reparut plus. Le courant l'avoit emporté.

Le vent semble se calmer, et le Patron parle de partir ce soir. Je le désire fortement..... Adieu.

DU MEME AU MEME.

De Malthe, 16 Septembre 1795.

» .... Mi gioverà narrare altrui
» Le novità vedute, e dire: Jo fui.

Le Tasse, Cht. 15. St. 38.

Dieu en soit loué! Nous sommes arrivés à bon port, sains et saufs, avant-hier à nuit tombante, deux mois, jour pour jour, après notre départ de Ratisbonne. Ce n'a pas été pourtant sans avoir éprouvé la malignité du plus perfide des élémens.

Nous nous remîmes en mer le 10 de ce mois, et nous naviguâmes assez tranquillement, quoique les flots pressés par les deux côtes et soulevés par le vent, nous tinssent dans une sorte d'inquiétude. Nous passions alors devant *Rhegio*, qui

partagea

partagea avec Messine la désolation du tremblement de terre de 1783. Cette ville est connue dans l'histoire du premier Denis, pour avoir payé cher l'insulte qu'elle fit au Tyran, de lui offrir en mariage la fille du bourreau : elle est citée encore dans l'origine de la première Guerre Punique ; mais, en côtoyant ses murailles, je m'intéressois peu à ces faits si anciens. J'étois trop occupé de moi-même, et ce n'étoit pas sans raison. Une espéronare qui passa près de nous, voguant en sens contraire, nous avertit qu'au delà d'un Cap prochain, nous ne pourrions pas avancer, sans courir des risques. En effet, à peine eûmes-nous doublé le fatal promontoire, nous entendîmes un bruit épouvantable qui me glaça d'effroi ; il étoit produit par le choc des flots, que la violence du vent poussoit contre les rochers du rivage,

« Et nous ouïmes clairement
» La mer qui hurloit diablement.
» Les flots, pleins d'écume et de rage ;
» Se brisoient contre le rivage,
» Et le rivage résonnoit
» Des grands coups que l'eau lui donnoit.
» Trois fois la mer enflant ses vagues,
» Lors tant à craindre que des dagues,

» Vers les cieux nos vaisseaux poussa,
» Et par trois fois les enfonça
» Vers le plus profond de son onde ;
» Ou, pour dire la chose mieux,
» Trois fois nous porta dans les cieux,
» Et trois fois chez les noires ombres,
» Qu'on appelle Royaumes sombres ».

Virg. travesti.

Scarron est un peu hyperbolique. Le vrai est que la mer s'affaissant sous notre barque, lui ouvroit un vaste gouffre, où elle s'ensevelissoit pour un temps ; puis, en nous revomissant, elle nous tenoit suspendus sur le sommet d'une vague mobile, qu'une autre vague venoit heurter et briser. Cet horrible mouvement n'étoit pas uniforme, et notre frêle navire prenoit toutes les situations imaginables. Tantôt, nous descendions dans l'abyme, la tête en arrière; tantôt, nous semblions être debout, la proue étant dans l'eau, tandis que la poupe s'élevoit dans les airs. Le Patron et les matelots gardoient le plus profond silence, uniquement occupés, le premier à tirer le meilleur parti possible de son gouvernail, les autres à dompter et à rompre, avec l'effort de la rame, la rude secousse de ces montagnes d'eau, auprès desquelles notre espéronare ne paroissoit qu'un atôme. La bourasque ne nous permettoit pas de gagner le large : céder à la tempête, la côte nous brisoit infailliblement ; il fallut donc continuer la route sur la même direction, en dépit de Neptune, jusqu'au moment, où l'on trouva un petit golfe, dans lequel nous entrâmes heureusement, pour y passer le reste de la nuit. Là, dans ce doux abri, je m'écriai avec Horace :

« Illi robur et æs triplex
» Circà pectus erat, qui fragilem truci
    » Commisit pelago ratem
» Primus ».

Lib. I. Od. 3.

Le lendemain, nous nous trouvâmes vis-à-vis l'Etna, qui attriste toute cette côte, par la lave qu'il y a jettée.

« Ces rocs tout calcinés, cette terre noirâtre,
» Tout d'un grand incendie annonce le théâtre ».

DELILLE.

Les yeux tombent par-tout sur cette terre noire et poudreuse, et s'ils s'élèvent, ils rencontrent cet amas de montagnes, entassées l'une sur l'autre, jusqu'à la hauteur de douze mille pieds. Les campagnes qui avoisinent le Mont-Gibel, n'ont pas cette charmante verdure qu'on remarque dans les environs du Vésuve ; cependant, les fruits y sont diversifiés, et les vivres à bon compte.

La lave de l'Etna est fort inférieure à celle du Vésuve ; elle n'est ni aussi belle, ni aussi variée. Le Prince Biscaris à Catane n'a pu rassembler que douze espèces de la première, tandis que M.r Hamilton à Naples en a quarante de la seconde. C'est que le volcan de Sicile ne renferme que du fer, du sel ammoniac, avec très-peu de souffre, de matières vitrifiables et de marbre. Les pierres qu'il vomit, sont la pierre ponce, la pierre sablonneuse et ferrugineuse. Une fumée épaisse, une pluie de cendres, prélude à l'éruption ; ensuite, paroît la lave, qui, en jaillissant, entraîne tout ce qu'elle rencontre, et le plus souvent n'est arrêtée que par la mer. Je disois, en longeant toute cette côte :

« C'est ici que la lave en longs torrents coula:
» Voici le lit profond où le fleuve roula ;
» Et plus loin à longs flots sa masse répandue,
» Se réfroidit soudain et resta suspendue ».

DELILLE.

Les explosions les plus violentes sont celles de 1669, de 1693 dans laquelle furent détruites six villes, entr'autres Syracuse, Agosta et Catane, avec quantité de villages. Il périt alors quinze mille personnes..... Suivent celles de 1733, 1757 et 1783.

On dit que le plus ancien auteur qui ait laissé une description de l'Etna, est Pindare. Il paroît l'avoir connu tel qu'il est encore aujourd'hui. « L'Etna, (dit-il)
» cet éternel nourricier des neiges, vomit
» de ses abymes des sources sacrées d'un
» feu inaccessible. Ces fleuves brûlants ne
» semblent, dans l'éclat du jour, que des
» torrents de fumée, rougis par la flamme ; dans l'obscurité, c'est la flamme
» elle-même, roulant des rochers, qu'elle
» fait tomber avec fracas sur la profonde
» étendue des mers ».

Traduction de Mr. Chabanon.

Theucidide parle de trois éruptions de cette montagne, et il place la dernière vers la 88.ème Olympiade. Lucrèce fait mention des ravages que l'Etna occasionnoit de son temps ; mais la plus énergique peinture de ce phénomène, est bien celle de Virgile :

« .... Horrificis .... tonat Ætna ruinis,
» Interdumque atram prorumpit ad æthera nubem
» Turbine fumantem piceo et candente favillâ ;
» Attollitque globos flammarum et sidera lambit.
» Interdum scopulos avulsaque viscera montis
» Erigit eructans, liquefactaque saxa sub auras
» Cum gemitu glomerat, fundoque exæstuat imo ».

Æn. III.

Le poëte Sicilien Raitano a parfaitement réussi dans la traduction de ces beaux vers :

« .... Verso etere avicina
» Etna la fronte sua cinta di orrori ,
» E con ispaventevole rovina
» Rimbomba : e con orribili fragori
» Sovente negre nubi al ciel destina,
» Fumanti di atro turbine e di ardori ;
» Erge globbi di fiamma, e su lambisce
» Le stelle, ormai con infuocate strisce.
» Scogli, e divelte viscere di monte
» Eruttando tal volta avido estolle ;
» E con gemiti vomita, e con onte,
» Liquefatti macigni, e in fondo bolle ».

Voulez-vous une autre description dans notre langue ? Voici celle que nous donne Voltaire :

« L'Etna renferme le tonnerre
» Dans ses épouvantables flancs ;

» Il vomit le feu sur la terre,
» Il dévore ses habitants.
» Ah ! Fuyez, Nymphes gémissantes,
» Ces campagnes toujours brûlantes,
» Ces abymes toujours ouverts,
» Ces torrents de flammes et de souffre
» Echappés du sein de ce gouffre,
» Qui touche aux voûtes des Enfers ».

Ode sur la Paix.

Que de vers cités, direz-vous ? Mais les beaux vers ne sauroient l'être trop souvent : c'est-là leur privilège ; du moins, Voltaire le dit.

La vue de ces montagnes m'a rappellé nécessairement l'idée de Polyphême, de ce monstre si fameux dans l'Odyssée et l'Enéide.

« Monstrum horrendum, informe, ingens, cui lumen ademptum ».

Æn. III.

Virgile donne à la voix de ce géant une force prodigieuse et un effet terrible, que Scarron rend ainsi :

« Ce malin fit une huée
» Dont la mer, aussi secouée
» Qu'elle l'est par les aquilons,
» Se boursoufla par gros bouillons »

Anguillare, autre poëte Sicilien, enchérissant sur ces hyperboles, dit qu'au cri de ce géant énorme,

« Tremò per troppo orrore Etna, e Tifeo
» Fece maggior la fiamma uscir del monte;
» E Pacchino, e Peloro, e Lilibeo
» Quasi attufar nel mar l'altera fronte:
» Cadde il martel di man, nel monte Etneo,
» Al Rè di Lenno, a Sterope, e a Bronte;
» Fugir fiere e augei di lor ricetto,
» E si strinse ogni madre il figlio al petto ».

Enfin, laissons-là la Fable.... Catane, située dans ces environs, m'a fait penser à la fatale expédition des Athéniens en Sicile. Elle commença glorieusement par la prise de cette ville, dont Alcibiade s'empara par surprise. Un peu plus loin, je me trouvai dans les eaux qu'ensanglantèrent les Escadres Françoise et Hollandoise, en 1676. Ruyter, blessé dans le combat, alla mourir à Syracuse, et son rival Duquesne permit à un bâtiment ennemi de porter le cœur de ce héros à Amsterdam. Il passa même dans la chambre de poupe, où il s'écria : « Voilà donc » les restes de ce grand homme; il a trou- » vé la mort au milieu des hazards qu'il » a tant de fois bravés. »

Je ne sais si vous connoissez le dystique qu'on a fait sur la mort de l'Amiral Hollandois :

« Terruit Hispanos Ruiter, ter terruit Anglos;
» Ter ruit in Gallos, territus ipse ruit ».

Avançons.

« . . . . . . Bientôt, sans effort,
» Syracuse reçoit nos vaisseaux dans son port ».

Boileau. Epître I.

Là, je me suis cru environné des ombres de Nicias, de Gylippe, des Denis, des Timoléon... Je me suis figuré Platon, enseignant la Philosophie au Tyran.... J'ai été dans le port, où les navires des Romains étoient brûlés par Archimède, ou pirouettoient en l'air, pour retomber dans les flots et s'y engloutir. Mais ce n'est plus cette ville fameuse, qui armoit quatre cents Galères, et mettoit sur pied plus de cent mille soldats. L'Epipole, Acradine, Tyché, Néapolis sont maintenant des ruines informes; Ortygie seule reste habitée. Le port de la nouvelle Syracuse est défendu par un château de figure irrégulière, dans lequel on remarque l'ancienne fontaine d'Aréthuse. Cette

Nymphe doit se trouver avilie : jadis, ses eaux étoient pures comme le cristal, et ses bords émaillés de fleurs ; aujourd'hui ce n'est plus qu'un lavoir assez sale. Dans un énorme rocher, on apperçoit un escalier secret, continué dans un autre roc qui en fut détaché par un tremblement de terre. En face, est une tour, et à côté, une caverne de la forme d'une oreille : c'est ce qu'on appelle l'*Oreille de Denis*. Cet antre a quatre-vingts pieds de haut et deux cent cinquante de long. Depuis le terrible désastre, en 1757, qui renversa un tiers de la ville, et fit périr environ deux mille personnes, Syracuse ne contient plus que huit mille habitants. Le revenu de son Evêché provient, en grande partie, de la vente des neiges qui couvrent le sommet du Mont-Etna : elles se débitent dans le reste de la Sicile et à Malthe. L'Evêque de Caprée tire ses richesses d'une source aussi singulière ; c'est la dixme des cailles * qu'on prend à leur

---

* On a beaucoup disputé sur les longs voyages des cailles. Mr. de Buffon croit que c'est le vent favorable qui les soutient..... En effet, elles n'arrivent à Malthe, au printemps, qu'avec le

passage d'Afrique en Europe, au mois de Mai, et à leur retour à la fin de l'été.

Le mauvais vent nous accompagna jusqu'au Cap *Passaro*, où il devint si orageux qu'il fallut relâcher. Virgile appelle ce promontoire *Metas Pachini. Æn. Lib. III.* C'est un endroit désert, triste, hérissé de rochers, qui faisoient peur à Enée :

« . . . . De Pachin les hauts rochers
» Si connus de tous les nochers ».

Virg. travesti. Liv. III.

Dans une petite Isle voisine, séparée du Cap par un détroit d'un mille de largeur, est un vieux château, que garde une poignée de soldats, dont on confie le commandement aux officiers brouillés avec la Cour, ou qui se sont mal conduits. Ce fort est en effet une très-bonne prison pour un jeune étourdi, qu'on veut séquestrer du grand monde. Sans y être privé de ma liberté, j'y étois mélancoli-

---

Nord-Ouest, vent contraire pour gagner la Provence; à leur retour, c'est le Sud-Est qui les y amène, ne pouvant aborder alors en Barbarie.

que. Le ciel d'ailleurs n'inspiroit point la gaieté; il étoit gros de tempêtes. Cependant, le Patron crut, à l'entrée de la nuit du 12 au 13, qu'il pourroit hazarder le trajet du Canal entre Malthe et la Sicile. Il est de vingt-quatre lieues à-peu-près. Avant de mettre à la voile, nos matelots entonnèrent deux Cantiques médiocrement harmonieux. Ils chantoient de si bon cœur, et d'un ton si pénétré, que, malgré que je ne comprisse pas un mot de cette prière, (car c'étoit du Malthois) j'étois vraiment édifié, et je joignois bien volontiers mon intention à celle de ces dévôts marins. L'oraison finie, on s'abandonna au vent, et on fit une lieue, en doublant le Cap. Bientôt,

« . . . . . Sur notre tête
» Je vis grand signe de tempête,
» Un air épais qui s'amassoit,
» Et notre flotte menaçoit.
» La menace ne fut pas vaine.
» En un instant l'humide plaine,
» De pacifique qu'elle étoit,
» Par un grand vent qui l'agitoit,
» Vit changer ses vagues enflées
» En plusieurs montagnes salées.
» Le jour tout-à-coup devint nuit ;
» Le tonnerre fit un beau bruit ».

VIRG. travesti. Liv. III.

Notre

Notre Palinure, ainsi que celui d'Énée, ne tarda pas à s'appercevoir de la colère prochaine de Neptune, et jugeant qu'il seroit plus qu'imprudent de défier le Dieu de la mer, il se rapprocha de la côte, pour y passer la nuit. Mais l'abri n'étoit pas sûr ; le vent souffloit avec violence, et le *roulis* ou balancement de notre espéronare étoit continuel.

« Pas la moindre lune dans l'air ;
» Au ciel tout obscur et rien clair.
» Cependant, malgré la nuit sombre,
» De gros brandons, qui perçoient l'ombre,
» Nous faisoient voir clair à minuit.
» Je ne vous dirai rien du bruit,
» Mais bien que jamais en ma vie,
» De dormir je n'eus moins envie ».

Virg. travesti. Liv. III.

Nos matelots dormoient pourtant, quand tout-à-coup un vif éclair sillonne la nue ; suit un épouvantable éclat de tonnerre.... La pluie tombe en torrent, et nous inonde.....

« L'air mugit, le jour fuit ; une épaisse vapeur
» Couvre d'un voile affreux les vagues en fureur.
» La foudre éclairant seule une nuit si profonde,
» A sillons redoublés ouvre le ciel et l'onde ;

» Et, comme un tourbillon, embrassant nos vaisseaux,
» Semble en sources de feux bouillonner sur les eaux.
» Les vagues quelquefois nous portent sur leurs cîmes,
» Nous font rouler après sous de vastes abymes ;
» Où les éclairs pressés, pénétrant avec nous,
» Dans des gouffres de feu sembloient nous plonger tous ».

VOLTAIRE.

Borée redouble de rage, fait un dernier effort, l'ancre se détache, et notre espéronare, emportée en pleine mer, est livrée à la merci de l'ouragan. Patron et matelots, tout s'éveille, s'agite, se croise, et crie à l'envi. Figurez-vous notre situation au milieu de ce péril affreux, toujours sur le point d'être ensevelis dans les flots qui s'ouvroient sous nous..... Un moment, nous crûmes qu'ils alloient se refermer sur nos têtes, et nous nous pressions l'un l'autre, pour avoir la dernière consolation de mourir ensemble. Mais nous étions destinés à vivre plus long-temps. De nos mariniers, les uns firent force de rames, d'autres se jetèrent dans l'eau; enfin, par une manœuvre à eux connue, ils parvinrent à ramener la barque au rivage, et à fixer l'ancre de nouveau, après avoir manqué d'échouer contre les rochers qui bordent l'extrémité Méridionale de la Sicile. Le ciel exauça nos vœux, et rendit le calme à la mer agitée.

« Que contre écueil brise notre navire,
» Un *ex voto* de ce danger nous tire ».

M.me Deshoulières.

Le 14 au matin, le Pilote consulta les vents, et lut dans le ciel que la mer étoit tenable, quoique fortement émue encore. Nous partîmes :

« Les vents, à souhait, de nos voiles
» Faisoient bander toutes les toiles. . . . . .
» Quand nous fûmes loin du rivage,
» Sans plus voir ville ni village,
» Mais seulement le ciel et l'eau ;
» Logés en un frêle vaisseau,
» Chacun de nous en sa pensée
» Regretta la terre laissée :
» Car la mer ordinairement
» Est un dangereux élément ».

Virg. travesti. Liv. III.

Toutefois un *Lebeccio* favorable nous fit traverser rapidement le Canal. Dès midi, nous avions perdu de vue la Sicile, et déjà nous appercevions l'isle de Malthe. Le soir la Valette nous parut tout en feu ; il y avoit illumination ce jour-là, à cause de la naissance du Duc de Beira, fils du Prince de Brésil. * Nous passâmes la nuit dans le port, et nous entrâmes dans la ville le lendemain, c'est-à-dire, le 15 Septembre. M.ʳ l'Abbé Savoye, à qui on nous avoit adressés, prévoyant que des nouveaux débarqués auroient besoin de renseignements, voulut bien être notre guide. Il nous conduisit à l'Eglise de Saint-Jean, où l'on célébroit avec solemnité une Messe, pour la même raison qui avoit occasionné les réjouissances de la veille. Nous y vîmes le Grand-Maître, Emmanuel de Rohan-Polduc, sous un dais, avec ses Pages derrière lui. C'est un vieillard à qui l'âge ne permet plus, dit-on, de mettre beaucoup d'énergie dans le Gouvernement.

> « *Rohan* régnoit encore, et ses mains incertaines
> » De l'État ébranlé laissoient flotter les rênes ;
> » Les loix étoient sans force et les droits confondus,
> » Ou plutôt en effet *Rohan* ne régnoit plus ».
>
> Henriade. Ch. I.

L'Office fini, nous allâmes rendre nos hommages à ce Prince; Malfillatre, comme Membre de l'Ordre, et moi, comme

---

* Ce Prince est mort en 1801.

un Etranger qui désiroit vivre tranquillement dans son Isle. Il n'en coûtoit pas beaucoup à son Altesse pour m'accorder ce que je lui demandois; aussi le fit-elle volontiers. Nous voici donc habitants de Malthe. Conformément à ce qu'on avoit annoncé, Malfillatre demeurera au Collège des jeunes Diacots; et j'aurai l'avantage d'être logé dans la même Maison, où on a consenti à me ménager un appartement. Le pays paroît intéressant et curieux sous bien des rapports; mais je n'ai pu encore le parcourir. Si je ne vous connoissois pas si bien, je vous inviterois à venir partager les douceurs de la paix, dans mon nouveau séjour;

« Mais vous n'êtes pas en état
» De passer, comme nous, les déserts et les ondes,
» Ni d'aller chercher d'autres mondes ».

« *Vous n'osez* voyager, craintif au dernier point ;
» Pour moi, j'ai déjà vu le maritime empire;
» J'ai passé les déserts ».

LA FONTAINE. Liv. I et VIII.

Malgré la distance que je viens de mettre entre nous deux, je vous prie de me croire pour toujours Votre.....

¤ On a supprimé ici une lettre de Mr. Malfillâtre

» tre à sa Mère, où il rendoit compte des prin-
» cipales particularités de son voyage. Elle, con-
» tient sommairement les détails des trois lettres
» précédentes ».

DU MEME AU MEME.

De Malthe, 25 Décembre 1795.

ME voici séparé de tout l'Univers ! Une mer souvent orageuse, sur-tout dans cette saison, m'isole des deux Continents, de l'Europe et de l'Afrique. On pourroit dire de Malthe ce que Gresset a dit de son Isle imaginaire :

« . . . . . . Il est une Isle,
» Dont les habitants malheureux,
» Séparés du reste du monde,
» Semblent ne connoître que l'onde,
» Et n'être connus que des Cieux.
» Des nouvelles de la Nature
» Viennent rarement sur ses bords :
» On n'y sait que par aventure
» Et par de très-tardifs rapports,
» Ce qui se passe sur la terre,
» Qui fait la paix, qui fait la guerre,
» Quels sont les vivants et les morts ».

CARÊME im-promptu

En vérité, voilà Malthe, trait pour trait, depuis que, les mauvais temps ayant commencé, la poste ne nous vient plus de Sicile qu'au bout de trois semaines ou un mois. Des bâtiments apportent quelquefois des nouvelles, mais ce sont des nouvelles de mer.

L'intérieur du pays n'en fournit aucune qui puisse intéresser les habitants. Tout y est uniforme et monotone. Et quel événement un peu extraordinaire peut se passer dans une Isle, qui n'est qu'un point perdu au milieu des eaux ? Elle a vingt lieues de circuit, six de long, et trois à quatre de large. Sa position a été décrite par le Tasse, dans la Jérusalem délivrée :

« Tripoli appar su' lido, e'n contra a questa
» Giace Malta fra l'onde occulta, e bassa ».

Cant. XV. St. 18.

La partie opposée à l'Afrique s'élève toutefois prodigieusement, et le rocher qui la termine, est à pic. L'Isle n'a à craindre aucune descente de ce côté-là ; car il n'y a pas de puissance capable de franchir cette hauteur perpendiculaire. Il est arrivé quelquefois que les Infidèles ont pénétré dans le pays du côté du Nord;

et c'est pour leur faire perdre l'envie de causer désormais pareille inquiétude, qu'on a bâti, de distance en distance, des tours dans les endroits où un débarquement est possible. Quant aux fortifications de la Valette, je n'essayerai pas même de vous en faire la description. C'est, à vrai dire, un amas et une continuité de Citadelles, hérissées de canons. Là, presque point d'ouvrages de maçonnerie; le rocher, taillé à force de bras et d'efforts, a pris la forme qu'on a voulu lui donner, bastions, redoutes, demilunes, fossés profonds. Mais à ces remparts immenses, il manque des soldats pour les défendre. Aussi Louis XIV, à qui on présentoit le plan des travaux de Malthe, disoit-il : « Ou Messieurs les Chevaliers sont fous, ou ils ont trop d'argent; il faudroit la moitié de mes troupes, pour garder une pareille forteresse ».

La mer forme dans l'Isle différents golfes, qui sont autant de ports. Celui qu'on nomme le *Grand-Port*, passe pour un des meilleurs de l'Univers, étant vaste, sûr, profond, et sur-tout bien protégé par les forts dans tous les sens. La ville le domine, en s'élevant en amphithéâtre. Virgile parle d'un port qu'il suppose dans le voisinage de Tarente, et où il fait mouiller la flotte d'Enée. La description qu'il en donne, paroît être imaginée pour celui de Malthe :

« Ce port, à l'abri de tout vent,
» Contre les grands flots du Levant,
» Et les efforts de la tempête
» Se recourbe en arc d'arbalète.
» Quantité de rochers pointus,
» Des flots salés toujours battus,
» A l'opposite de l'entrée
» Rompent l'effort de la marée ;
» Et pour n'être pas pris sans vert,
» Par les côtés il est couvert
» De rochers qui sont deux chaussées
» Ou deux murailles avancées ».

Scarron. Liv. III.

Les rues de la Valette sont tirées au cordeau ; mais il est désagréable d'être obligé sans cesse de monter et de descendre, la ville ayant été construite sur un terrein si inégal, que, dans certaines parties, elles sont de véritables escaliers. Le rocher sur lequel elle est assise, a fourni ces superbes pierres-de-taille qui composent la structure de ses maisons. L'ardoise et la tuile sont inconnues; point de charpente, ni de toit par conséquent. Chaque édifice a sa *terrasse*, qui procure deux grands avantages. On y prend le frais de la nuit ; et pour second service, elle reçoit les eaux de pluie, qui delà sont conduites dans des citernes ; ressource inappréciable dans un pays où l'on ne peut creuser de puits. Un Aqueduc, que fit faire le Grand-Maître Vignacourt en 1616, réunit les eaux de deux fontaines qui se trouvent à l'extrémité Méridionale de l'Isle, et les porte, en médiocre quantité, à la Cité-Valette.

Les Eglises sont ici d'une belle architecture. Saint-Jean, sans contredit la plus riche de toutes, est celle de l'Ordre. Sa voûte est un grand ouvrage de peintures, où le Calabrèse a représenté les principales actions du Précurseur de J. C. ; mais l'Edifice est trop écrasé, trop obscur, et trop resserré. Dans les jours de solemnité, la confusion nuit à la décence, et détruit le coup-d'œil, qui, dans une plus vaste enceinte, auroit quelque chose de majestueux. Autour et derrière le Maître-Autel, sont les Chapelains Conventuels : à la droite du chœur, le Grand-Maître avec sa suite ; vis-à-vis, le Prieur de l'Eglise avec son Cortège ; au bas du Sanctuaire, dans la nef, les Grands-Croix ou Baillis, en longues robes, où sont brodeés quelques circonstances de la Passion, avec une Croix blanche sur la poitrine : suivent à droite et à gauche les Chevaliers et les Servants d'armes. La mosette violette du Clergé, la simarre noire du Conseil, l'Uniforme écarlate de la Chevalerie, produiroient un effet agréable, si le public des deux sexes, qui a trop d'accès dans tous les endroits de l'Eglise, n'offroit pas une bigarure insupportable. Le long des basses-nefs, règnent les chapelles des différentes Langues de la Religion ; presque toutes sont ornées de superbes Mausolées des Grands-Maîtres qui ont illustré l'Ordre.

Le pavé de Saint-Jean est peut-être aussi admirable que la voûte. Il est composé de pierres sépulcrales, en marbre de rapport ; et je trouve tous les jours du plaisir à considérer avec quel art ce magnifique mosaïque rassemble une infinité de couleurs, dont les nuances sont aussi variées que délicates. Ces tombeaux portent une épitaphe, avec quelque devise ou inscription. Un Chevalier, qui n'étoit pas aimé de son Supérieur, Manoël de Vilhena, fit mettre sa tombe sous la porte par laquelle son Eminence devoit passer, et on y grava ces mots : * *Qui me calcas,*

---

* Toi qui me foules aux pieds, tu seras foulé de même ; penses-y, et prie pour moi.

calcaberis ; idque cogita, et ora pro me. C'est par cette même porte, mais avec moins de bruit que le Souverain, que j'entre tous les jours, pour aller dire la Messe à St.-Jean, dont j'ai fait mon Eglise.

Je ne vous dirai qu'un mot du palais du Grand-Maître. Les dehors n'ont rien de merveilleux ; et dans l'intérieur, on a cherché à le rendre plus commode que brillant. Il semble avoir été construit pour servir de demeure à un vieillard, tant il est modeste en ses ornements. Les marches de l'escalier n'ont guères que trois pouces de hauteur. Sa situation, au milieu de la Valette, et presque à l'endroit le plus élevé de la ville, ne pouvoit pas être mieux choisie..... Du séjour de la grandeur, je vais vous conduire dans celui de la misère et des infirmités, le berceau de l'Ordre, le plus beau monument de son institution, l'Hôpital. L'édifice est immense; chaque malade a son lit ; chaque genre de maladie, son quartier. Une commission, composée des principaux Membres de la Religion de St.-Jean, est chargée de l'administration. La vaisselle y étoit jadis toute d'argent; les besoins actuels ont obligé d'en convertir une partie en numéraire. Ce qui en reste est encore

du

du luxe; mais que ce luxe est bien pardonnable! Là, l'infortuné se fait illusion, quand il voit la noblesse et l'opulence s'approcher de son lit de douleurs, et lui apporter sa subsistance. Ce dut être autrefois à Jérusalem un spectacle attendrissant, quand tous les Chevaliers concouroient à ces pieux offices. L'image de ces beaux temps, quoique moins frappante aujourd'hui, ne laisse pas d'honorer l'Ordre. Chaque Langue a son jour dans la semaine pour le service de l'Hôpital, et un bon nombre de Baillis et de simples Religieux viennent exactement se remplir de l'esprit de leur état. Le respectable Evêque de Malthe n'y manque jamais, et ce n'est peut-être là que la moindre de ses bonnes œuvres. Vous ne serez sans doute pas fâché de savoir l'éloge que fait le poëte Schiller des Chevaliers de Malthe, sous le double rapport de Guerriers et d'Hospitaliers.

« Herrlich kleidet sie euch des Kreutzes furchtbare Rüstung

» Wenn ihr, Loewen der Schlacht, Akkon und Rhodus beschützt,

» Durch die Syrische Wüste den bangen Pilgrim geleitet,

» Und mit der Cherubim Schwerdt stehet vor dem heiligen Grab.

» Aber schoener kleidet euch doch die Schürze des Waerters,

» Wenn ihr, Loewen der Schlacht, Soehne der edelsten
  Stamms,
» Dient an des Kranken Bett', dem lechzenden Labung
  bereitet,
» Und die ruhmlose Pflicht christlcher Milde vollbringt.
» Religion des Kreutzes, nur du verknüpftest in einem Kranz
» Der Demuth und Kraft doppelte Palme zugleich ».

Comme vous digérez difficilement l'Allemand, je finirai-là ma lettre. Dans votre réponse, ayez la bonté de me mettre au courant des événements les plus intéressants. Nous ne connoissons pas bien encore la nouvelle Constitution Françoise, publiée à Paris le 8 *Brumaire*. On nous parle d'un Directoire, d'un double Conseil ; mais ce sont tous bruits vagues, peu capables de satisfaire mon impatiente curiosité. J'attends de vous beaucoup de détails, et suis, ...

LETTRE DE MALFILLATRE

a M.r Tochel, a Cologne.

De Malthe, 1.er Mars 1796.

Non, mon cher ami, je ne t'avois pas oublié ; mais soupçonnant que tu n'étois plus à Londres, je ne savois pourtant pas où tu avois pu te fixer depuis ton départ d'Angleterre. Que je te remercie de t'être informé du lieu de ma résidence actuelle, et de m'avoir instruit de la tienne ! Quoique la mer soit encore entre nous deux, nous pourrons cependant correspondre. Tu me fais vraiment honneur, en supposant que le motif principal de mon voyage a été d'aller reconnoître par mes yeux les merveilles qu'on publie de l'Italie, et d'étudier, dans le pays même, l'histoire de chacune de ses Provinces. Tu le supposes si bien, que tu ne doutes pas que je n'aye rédigé les Révolutions de l'Italie ; et tu t'attends à les lire bientôt avec autant de plaisir que tu as fait celles des Pays-Bas. Quoi ! tu t'en souviendrois encore ! C'est trop, mon cher, pour si peu. L'estime que tu daignes accorder à mes mauvaises analyses, mériteroit que je t'en donnasse de meilleures; et malheureusement, je ne t'envoye qu'une ébauche très-imparfaite des changements qui se sont succédés dans le Gouvernement, ou l'existence politique des trois Etats de Naples, de Sicile et de Malthe. Je ne ferai même qu'effleurer légèrement ce qui concerne les deux premiers.

Quelque reculée que soit la fondation de Naples, cette ville ne se fait remarquer que vers l'an 330 avant Jesus-Christ. Annibal tenta vainement de la prendre, ainsi que Nole. Toujours fidelle aux Romains, elle ne fut néanmoins regardée comme une de leurs Colonies, que sous les Empereurs. L'an 409 de l'Ere Chrétienne, une heureuse conjoncture la sauva de la fureur d'Alaric, roi des Visigoths, et de celle de Genséric, roi des Vandales, au milieu du même siècle: mais il ne lui fut pas possible d'échapper au joug des Ostrogoths; et il fallut le bras de Bélizaire, pour la leur arracher. Il est vrai que sa délivrance lui coûta cher. Les soldats, exaspérés par l'ennui d'un siège long et difficile, inondèrent cette ville de son propre sang. Peu après, Totila la réunit à sa domination, et moins cruel que les Grecs, défendit le carnage, et se contenta de démanteler Naples. Narsès, en renversant le trône des Ostrogoths, fit rentrer cette ville sous les loix des Empereurs de Constantinople. Une autre Nation barbare, les Lombards, ayant fondé un nouvel Etat en Italie, Naples leur fut assujettie. Destinée à des vicissitudes continuelles, cette infortunée Cité obéit successivement à Charlemagne, aux Ducs de Bénévent, et enfin aux Sarrazins, qui lui firent éprouver toutes les horreurs imaginables, ainsi qu'au pays qui l'environnoit.

Son salut vint d'une cause aussi foible qu'inespérée. L'an 1016, quarante Gentils-Hommes Normands, au retour des Saints lieux qu'ils avoient visités, abordèrent à Salerne, dont le Seigneur étoit alors Gaimar III. Ils trouvèrent les habitants de cette ville, assiégée par les Sarrazins, occupés à rassembler une somme considérable, par laquelle ils se rachetoient du pillage. Ce traité parut flétrissant à ces Etrangers, qui proposèrent aux Salentins de recouvrer leur liberté par le fer, plutôt que par l'or. Ils sçurent si bien leur communiquer l'enthousiasme dont ils étoient enflammés, que le même instant vit les Infidèles attaqués, défaits, mis en fuite, et la ville délivrée. Gaimar, qui devoit tant à ces Aventuriers, les invita à revenir en Italie, et à se faire accompagner par leurs compatriotes, qu'ils supposoit aussi braves qu'eux.

Les Pélerins promettent et tiennent parole. L'année suivante, ils reviennent au nombre de deux cent cinquante, et commencent les hostilités contre les Grecs, en faveur de Melo, Duc de Bari, qui vouloit secouer leur joug. Il faut observer que Rome, Naples, Bénévent, et plusieurs autres villes d'Italie, avoient été érigées en Duchés, ou Principautés. Les Princes de Bénévent étoient parvenus à se rendre indépendants ; mais les autres, moins hardis, ou moins puissants, obéissoient encore, malgré eux, aux Empereurs d'Orient.

Une nouvelle troupe d'Etrangers, ayant à leur tête Drengol, Gentil-Homme Normand, arriva à Rome, en 1020, pour y négocier de sa bravoure. D'après le conseil du Pape, ces guerriers allèrent joindre leurs services à ceux des Princes qui y mirent le plus haut prix. Tantôt, on les vit combattre sous les drapeaux des Grecs contre les Sarrazins, tantôt faire eux-mêmes la guerre aux premiers, pour leur enlever quelque province. Le bruit de tant d'exploits glorieux et utiles à leurs auteurs, avoit jeté une émulation ardente parmi la jeunesse Normande ; et Tancrède de Hauteville, Seigneur des environs de Coûtance, se voyant surchargé d'une famille nombreuse, envoya en Italie ses deux aînés, Guillaume *Bras-de-Fer* et Drogon. Ces Chevaliers prirent parti en faveur de Rainulfe, Seigneur de Capoue, et se mesurèrent avec les Sarrazins, en 1043. On ne parla plus que de ces deux héros, qui bientôt furent secondés par leurs frères, Humfroi, Robert Guiscard et Roger. De tous ces Capitaines, aucun ne fit une fortune aussi brillante, ni aussi solide que Guiscard. En 1057, il étoit maître absolu de la Pouille et de la Calabre : un an après, ayant chassé les Sarrazins de la Sicile, il donna cette isle à Roger I.

L'établissement des Normands dans cette partie de l'Italie, quelque romanesque que fût leur arrivée, me paroît une des époques les plus intéressantes de ce pays.

Le Pape, Saint Léon IX, avoit été effrayé des progrès de ces conquérants; et redoutant leur voisinage, il avoit essayé de les éloigner. Mais, s'il eut le chagrin d'être vaincu, il eut au moins la consolation de trouver en eux des vainqueurs magnanimes, qui, loin d'abuser de leur puissance, rendirent toutes sortes de respects au Chef de l'Eglise, devenu leur prisonnier. Ce fut comme un combat de générosité entre cet illustre captif et ses maîtres. Ceux-ci lui donnèrent la liberté; et Léon, rassuré sur les intentions de Guiscard, lui accorda l'Investiture des terres qu'il avoit conquises, et qu'il conquéreroit, à la charge d'en faire hommage au Saint-Siège, et de payer un tribut.

Le même siècle ouvrit, par les Croisades, un vaste champ à l'héroïsme. Les beaux faits, et les aventures de Boëmond et de Tancrède, fils de Roger, et petit-fils de Guiscard, ont été célébrés, et embellis par les Historiens et les Poëtes, qui ont transmis les guerres saintes à la postérité.

La double voye de conquête et de succession, conduisit à la Souveraineté de Naples et de Sicile, Roger II, ou *le Jeune*, le cinquième des enfants de Tancrède, venu en Italie. Se voyant sans rivaux, il prit le titre de Roi; et ce fut sur les ruines de plusieurs principautés, que se forma le Royaume des Deux-Siciles. Mais il étoit de la destinée de ces fertiles contrées, de se trouver toujours exposées à toutes les révolutions politiques, que peuvent exciter les passions des hommes, comme elles le sont encore à toutes les révolutions physiques et effrayantes de la nature.

L'Empereur, Henri VI, qui s'étoit allié à la Dynastie des Normands, fit valoir les droits de sa femme Constance, d'une manière cruelle pour Guillaume III. Il lui arracha le sceptre, et le priva de la vue. C'est ainsi que la Maison Impériale et Ducale de Souabe s'assit sur le trône de Naples, en 1194. Elle ne le posséda guères au de-là d'un siècle: Conrad, fils de Frédéric II, fut empoisonné par son frère Naturel Mainfroi; et loin de le soupçonner l'auteur de sa mort, il lui donna la tutelle de son fils Conradin. Mainfroid, encouragé par le succès d'un premier crime, y en ajouta tant d'autres, qu'il excita l'indignation de ceux qui lui étoient soumis. Ce monstre n'étoit pas moins odieux aux Papes, par ses entreprises sur les terres de l'Eglise. Pour se procurer un appui, il maria sa fille à Pierre d'Arragon: ce fut alors que Urbain IV conféra le Royaume des Deux-

Siciles à Charles d'Anjou, frère de Saint Louis. Ce Prince marcha contre Mainfroi, et le défit à la bataille de Bénévent. Ce tyran, à sa mort, ne fut plaint de personne; mais il laissa son neveu Conradin avec un grand nombre de partisans, qui lui inspirèrent la confiance de revendiquer par la force l'héritage de ses pères. La fortune le trahit. Battu, fugitif et découvert, il est arrêté, conduit à Naples, et décapité publiquement avec son cousin Frédéric de Bade, Duc d'Autriche.

Le sang des deux Princes fut vengé. Jean, Seigneur de l'Isle de Procida, dépouillé de ses biens par Charles d'Anjou, résolut de le renverser de son trône, pour y faire monter le Roi d'Aragon, et il trouva dans tous les Souverains de l'Europe des dispositions favorables. Après bien des courses, faites sous l'habit de Moine, Jean amena la conjuration au point où il la vouloit, pour exterminer tous les François en Sicile. Le 30 Mars 1282, jour de Pâques, tous, un seul excepté, furent massacrés, avec une telle fureur, qu'on vit des pères éventrer des filles qui étoient enceintes de François, et écraser leurs enfants contre des rochers.

» Vedete un altro Carlo, ch'a conforti
» Del buon Pastro foco in Italia ha messo;
» E in due fiere battaglie ha duo Rè morti;
» Manfredi prima, e Corradino appresso.
» Poi la sua gente, che con mille torti
» Sembra tenere il nuovo regno oppresso,
» Di quà, è di là per le città divisa
» Vedete a un suon di vespro tutta uccisa.

L'Ariosto. Chant. 33. St. 20.

Charles étoit alors dans la Toscane; A cette nouvelle, il vint mettre le siège devant Messine; mais les Siciliens furent rassurés par la présence de Pierre, Roi d'Aragon, qui étoit abordé à Palerme. Cette sanglante tragédie ruina les affaires de la Maison d'Anjou. Elle perdit la Sicile, qui passa à une branche de celle d'Aragon, et se soutint à peine à Naples.

Il seroit plus qu'inutile de te parler de l'ancienne Sicile. Tu n'ignores pas que ses premiers habitans ont été les Sicaniens, peuples d'Espagne, ensuite les Sicules, venus d'Italie. On compte aussi parmi ses antiques Colonies des Lestrigons, Italiens d'origine, des Grecs de différentes provinces, et des Carthaginois : de-là, le nom de *Trilngues* donné aux Siciliens, parce qu'ils parloient les trois langues Grecque, Latine et Carthaginoise. Qui ne connoît pas l'histoire des Tyrans de Syracuse, et leurs guerres avec les deux Républiques, de Carthage et de Rome ? Quand cette dernière ville eut perdu son empire, les Vandales s'emparèrent de la Sicile, sous Genséric: Bélizaire la reconquit, mais elle redevint la proie des Arabes, qui y établirent des Emirs. Enfin, cette Isle passa aux Normands, et suivit le sort de Naples, jusqu'aux *Vêpres Siciliennes*. Depuis cette fatale époque, elle fit un Royaume à part, et ne fut réunie avec Naples, qu'en 1516.

La dynastie des Angevins régna dans une agitation continuelle. Son histoire est un cahos obscur; et si on y porte le flambeau de la vérité, on n'y voit que des crimes révoltants. L'arrière-petite-fille de Charles-le-Boîteux, Jeanne I, mariée à André, Roi de Hongrie, souilla son sceptre du sang de son époux. Son Beau-Frère, Louis de Hongrie, marcha contre elle; elle se sauva en Provence, où la détresse la contraignit de vendre le Comtat d'Avignon à Clément VI, qui la remit en possession de ses Etats. Mais Urbain VI, contre qui elle s'étoit déclarée dans le grand schisme d'Occident, d'Occident, ne lui fut pas aussi favorable ; car il donna son Royaume à Charles de Duras. Celui-ci prit aussitôt les armes, pour faire valoir cette donation, en 1379. Jeanne, qui avoit eu quatre maris, et cependant se trouvoit sans aucun enfant, crut ne pouvoir mieux parer le coup qu'on lui portoit, qu'en adoptant Louis d'Anjou, frère de Jean-le-Bon, Roi de France. Avant que ce Prince n'arrivât, Duras entra dans Naples, se rendit maître de la Reine, et la fit étrangler. Il se déshonora à son tour par des attentats aussi atroces que ceux qu'il venoit de punir ; et après un règne de quatre ans, une mort violente fut le prix de ses forfaits. Deux factions divisèrent ce malheureux Royaume : l'une reconnut un second Louis d'Anjou, l'autre obéit à Ladislas, fils de Duras. Ce dernier l'emporta sur son compétiteur, et laissa la couronne à sa fille Jeanne II : les dissensions éclatèrent avec plus de force que jamais. Un troisième, Louis d'Anjou, est appelé au Royaume de Naples par le Pape Martin V. La Reine, de son côté, déclare son héritier, Alphonse V d'Aragon ; se brouille avec lui, révoque l'adoption, et la transfère à René d'Anjou, en 1435, quoiqu'alors prisonnier du Duc de Bourgogne. Mais le Prince François ne fut que Roi titulaire, et ne parut à Naples que pour essuyer le chagrin de s'en voir chassé par Alphonse, déjà maître de la Sicile, qui se maintint sur le trône et le transmit à sa postérité.

Il étoit réservé à un de nos plus foibles Monarques d'aller porter le trouble dans un Etat qui respiroit à peine après tant de secousses. L'an 1495, Charles VIII traversa l'Italie en triomphe; et la terreur, qui marchoit devant lui, fut telle, qu'Alphonse II, Souverain de Naples, s'enfuit avec précipitation au delà de la mer, et se jeta dans un Monastère à Messine, abandonnant l'autorité à son fils Ferdinand II. En quinze jours, Charles conquit le Royaume; il fit son entrée dans la Capitale, monté sur un cheval blanc, revêtu des habits Impériaux, la couronne sur la tête, la boule d'or dans la main droite, et le sceptre à la gauche, sous un dais porté par les plus grands Seigneurs du pays. Le peuple crioit : *Vive l'Empereur Auguste !* Une ligue, formée contre le Roi de France par diverses Puissances, l'obligea à songer au retour. Ferdinand ne tarda pas à rentrer dans ses Etats, où on étoit déjà dégoûté des vainqueurs, à cause de la mauvaise conduite qu'ils avoient tenue. Il étoit d'ailleurs soutenu par les troupes Espagnoles, que Ferdinand le Catholique, Roi d'Aragon, avoit envoyées sous le commandement du fameux Gonzalve de Cordoue, surnommé dans la suite le *Grand-Capitaine*. Le Prince Italien ne jouit pas long-temps du plaisir d'avoir recouvré les domaines de ses ancêtres. Sa mort les fit passer à son oncle, Frédéric, qui en fut bientôt dépouillé, et alla mourir en France.

La double adoption qu'avoit faite jadis Jeanne II, des Princes François et Espagnols, rendoit fort litigieux leurs droits respectifs. Réunis, ils étoient à peine valables: cependant, Louis XII, Roi de France, et Ferdinand le Catholique, Roi d'Aragon, convinrent de s'emparer du Royaume de Naples. Mais la discorde les attendoit sur la ligne de démarcation qu'ils avoient tracée. La guerre s'alluma: les François eurent d'abord quelques avantages. Gonzalve fit pencher la balance; et une célèbre victoire, remportée par les Espagnols sur les rives du Gavillan, leur livra tout le pays. Le Traité de Blois, passé entre les deux Monarques, en 1505, sanctionna les conquêtes de

Ferdinand, qui réunit ainsi les Deux-Siciles à l'Aragon et à la Castille. Ces vastes possessions demeurèrent dans leur intégrité sous Charles-Quint et ses descendants. Peu s'en fallut toutefois que les Provinces d'Italie n'échappassent aux Rois d'Espagne. Sous le règne de Philippe IV, en 1647, le peuple de Palerme se souleva, et voulut se mettre en liberté, poussé à bout, disoit-il, par la dureté du Gouvernement. On tira au sort à qui seroit revêtu de l'autorité, et elle passa entre les mains d'un homme de la plus vile condition; mais celui-ci, après avoir chassé le Vice-Roi du Palais, perdit son crédit, sa charge, et ensuite la vie. Sa mort rétablit le calme.

La révolte, arrivée à Naples la même année, eut des suites plus sérieuses. Un jeune homme d'Amalfi, appelé *Thomas Aniello*, ou plus communément *Masaniello*, de la lie du peuple, ayant été recherché pour payer la gabelle, se récria contre la tyrannie du Gouvernement, et jetant à terre un panier de fruits qu'il vouloit vendre, ce mutin implora la faveur de la populace. Il ne fut que trop secouru : on brûla les bureaux de la douane; et la rébellion étant devenue générale, le Vice-Roi fut bientôt contraint de se retirer dans le Château-Neuf. On l'y tint assiégé, et il n'en sortit qu'en signant un accord honteux, par lequel Masaniello étoit déclaré son Collégue. Ce factieux, élevé si haut, perdit la tête, commit fautes sur fautes, se livra à des débauches qui altérèrent sa santé et sa raison, et le conduisirent à l'abus de son pouvoir. Il insulta le Vice-Roi, et poussa l'imprudence jusqu'à tyranniser un peuple dont il tenoit toute son autorité. Sa cruauté lui fut fatale. Des assassins, apostés par la multitude fatiguée de ce monstre, lui tirèrent quatre coups d'arquebuses. Masaniello tomba mort, en criant : *Traditori, ingrati!* * Ainsi périt ce misérable pêcheur, qui s'étoit vu à la tête de cent mille hommes.

Le feu de la sédition ne s'éteignit pas dans son sang. Le dégoût de la soumission travaillant les Napolitains, ils reçurent, pour leur Chef, Henri de Lorraine, Duc de Guise, qui vivoit à Rome dans la disgrace du Ministre Mazarin. La Noblesse se déclara pour lui ; mais la fortune ne voulut point couronner l'ouvrage de

---

* Traîtres, ingrats!

la témérité : Don Juan d'Autriche réduisit les révoltés ; et Guise, trahi par ceux qu'il commandoit, fut fait prisonnier. On le conduisit en Espagne, d'où il ne revint que quatre ans après.

Le Traité d'Utrecht amena des changemens ; il adjugeoit la Sicile à Victor-Amédée II, Duc de Savoye, et mettoit ce Prince au nombre des Rois. Il aborda bientôt à Palerme, au milieu des acclamations de ses nouveaux sujets. L'Empereur, à la Paix de Rastadt, avoit obtenu Naples ; mais tout se brouilla sous le Ministère du Cardinal Alberoni, qui avoit la confiance de Philippe V, Roi d'Espagne. Ce Monarque envoya une flotte, qui, en 1718, soumit presque toute la Sicile, qu'elle trouva sans défense. Cependant, ce succès n'eut rien de solide : les Anglois chassèrent les Espagnols, et le Traité de Londres, dit la *Quadruple Alliance*, fixa de nouveau le sort de cette Isle. Elle fut cédée, en 1720, à l'Empereur Charles VI, et la Sardaigne échut, en dédommagement, au Duc de Savoie, avec le titre de Roi.

La guerre de 1733 donna à la Sicile un autre Souverain. Dom Carlos, fils de Philippe V, passe en Italie ; Naples le reconnoît pour maître ; Messine, Syracuse sont forcées, et ce Prince est couronné à Palerme Roi des *Deux-Siciles*. La paix de Vienne lui en assura le titre en 1736. Etant monté sur le trône d'Espagne, il abandonna le Royaume qu'il avoit conquis à son fils Ferdinand IV, qui le possède aujourd'hui.

Tu vois, mon cher Ami, que cet Etat est un de ceux qui ont le plus souffert de révolutions. Il paroît tranquille maintenant; mais doit-il compter sur un repos durable? Ne nourrit-il pas dans son sein ce foyer continuel de troubles, les *Lazzaroni*? Quelle autorité, que celle d'un Roi qui est obligé de craindre, ménager, caresser même quarante mille personnes sans aveu, sans propriété, sans intérêt? Ces malheureux se souviennent encore de la révolte de 1647; et au moindre mécontentement, on les entend crier* : *Masanielli non sono morti*. En comparant la douceur du climat de ce beau pays aux mœurs farouches des Napolitains, a-t-on eu tort de dire que c'étoit *un Paradis habité par des diables*? Si ces Lazzarons pouvoient avoir un caractère, ce seroit celui de l'indé-

---

* Les Masaniello ne sont pas morts.

pendance et de la paresse. Ils n'ont pas d'état, parce qu'ils ne veulent point en avoir, et ils ont consacré cette maxime: *Bella cosa, far niente!* Quelques aunes de toile suffisent pour les habiller. Leur nourriture ne leur coûte presque rien ; et quand un lit leur manque, le pavé des rues le remplace : ils sont par habitude aussi stoïciens que les Grands sont voluptueux. C'est sans doute un vice dans l'État, que cette foule de gens oisifs ; mais ce mal intérieur, on n'a pas cru pouvoir l'extirper : on s'est contenté d'en réprimer la redoutable activité. Heureusement, l'amour-propre de ces bandits est satisfait de se sentir craints, et il n'est pas de sacrifices, dont cette flatteuse idée ne les rende capables pour leur Souverain.

Les forces militaires se réduisent à une trentaine de mille hommes. Il est vrai que ce nombre peut être augmenté par des levées faites à la hâte ; mais la disette totale d'officiers habiles empêchera toujours cette armée d'être redoutable. La Marine offre encore moins de ressources : elle ne consiste qu'en trois vaisseaux de ligne, quelques frégates, schebecs et demi-galères. Le pavillon est souvent insulté par les Barbaresques, qui ne cessent d'infester les côtes de Sicile et de Calabre.

Je se saurois te dire, si ce pays, que Cicéron appeloit la *Mère des Etudes*, est fécond actuellement en grands hommes. Au moins, ce ne sont pas les bons modèles qui manquent. Le Tasse et Sannazar ont brillé dans la poësie ; Porta, dans la Botanique ; Fontana dans l'Astronomie. La peinture a eu le Chevalier d'Arpino, né en 1560 ; l'Espagnolet mort à Naples en 1636 ; le Calabrèse, ou *Mattia Preti*, qui finit ses jours à Malthe, l'an 1699. Le sculpteur Bernin étoit Napolitain, ainsi que *Vanvitelli*, qui construisit le superbe Château de Caserte, le Versailles de ce Royaume.

Voici, mon cher, tous les détails que je puis te donner d'un pays, qu'à vrai dire, je n'ai fait que côtoyer, mais avec lequel Malthe a beaucoup de rapports. Notre Ordre, comme tu le sais, est d'ailleurs lié au Royaume de Naples par le droit de Suzéraineté, que le Souverain des Deux-Siciles conserve sur l'Isle, où je viens de me retirer. Le Grand-Maître lui doit, et lui envoie tous les ans un *Faucon*. Pour affoiblir l'odieux de l'hommage en le généralisant, son Eminence fait le même présent aux autres Princes de l'Europe, qui nous protégent.

Le Roi de Naples actuel n'a pas été aussi fidel vassal du Saint-Siége. Il a refusé à Pie VI la *Haquenée*, et les sept mille ducats que ses prédécesseurs avoient toujours donnés aux Papes, la veille de Saint-Pierre. Le Tribut, auquel s'étoient engagés les Rois Normands, avoit été remplacé par cette legère marque de reconnoissance, en vertu d'un accord passé en 1472, entre Sixte IV, et Ferdinand I.

Je ne croyois pas être aussi prolixe sur Naples.... Une autre fois, je te donnerai ce que j'ai recueilli sur Malthe.

Fin du premier Volume.

www.ingramcontent.com/pod-product-compliance
Lightning Source LLC
Chambersburg PA
CBHW050259170426
43202CB00011B/1750